Herbert Puchta · Amy Mueller-Caron

Primary Classroom English

Ausdrücke und Phrasen für den Englischunterricht in der Grundschule

Illustrationen: Erich Ballinger

ISBN 3-12-587015-1

© 2001 Helbling Verlagsgesellschaft m.b.H., Rum (Österreich)

Für den deutschen Markt:
Ernst Klett Grundschulverlag GmbH, Leipzig (Deutschland)

Alle Rechte vorbehalten

Alle Rechte der Verbreitung, insbesondere der Nachdruck (auch auszugsweise), die fotomechanische Wiedergabe und die Speicherung jeder Art vorbehalten.

Inhaltsverzeichnis

Einleitung 4

Was bietet Ihnen
PRIMARY CLASSROOM ENGLISH? 4

Wie verwenden Sie PRIMARY CLASSROOM
ENGLISH am besten? 6

Die Verwendung der CD-ROM von
PRIMARY CLASSROOM ENGLISH 7

Wie viel Muttersprache im
Englischunterricht? 11

Die Entwicklung des englischen
Klassengesprächs 12

Teil 1
Ausdrücke und Phrasen für die
Arbeit mit methodisch-
didaktischen Grundmodulen   15

Wortschatzarbeit 16

Dialoge und Rollenspiele 26

**Total-Physical-Response-
Aktivitäten (action stories)** ... 33

Geschichten 38

**Hörverstehensübungen
(task listening)** 42

Lieder, Chants und Reime 49

Lesen und Schreiben 52

Spiele 55

Teil 2
Ausdrücke und Phrasen für die
zeitliche, soziale und mediale
Organisation des Unterrichts   57

**Phasen einer
Unterrichtssequenz** 58

**Verhalten und Ordnung
in der Klasse** 64

Sozialarrangements 67

**Korrektur, Loben und
Ermahnen** 70

Die Verwendung von Medien   73

Teil 3
Ausdrücke und Phrasen für die
Integration des
Englischunterrichts in andere
Unterrichtsbereiche 75

Sport 76

Musik 92

Kunsterziehung 95

Werken 99

Mathematik 101

Anhang
Englisches Basisvokabular
für den Unterrichtsalltag 103

Themenübersicht 107

Einleitung

Es ist eine Tatsache, dass der Englischunterricht in der Grundschule weltweit im Vormarsch ist. Während er vor einigen Jahren noch meist im Rahmen von Schulversuchen durchgeführt wurde, ist er heute in den meisten Ländern ein fixer Bestandteil des Stundenplanes. Außerdem ist zu beobachten, dass in immer mehr Ländern ein Trend zum Beginn ab der ersten Klasse festzustellen ist.

Dies bedeutet, dass immer mehr Kolleginnen und Kollegen sich in der Situation sehen, dass sie Englisch in ihrer Klasse unterrichten *müssen*. Viele dieser Kolleginnen und Kollegen äußern Unsicherheit, was die eigene Sprachkompetenz anbelangt. In zahlreichen Seminaren zur Lehrerfortbildung im In- und Ausland konnten wir allerdings erfreulicherweise feststellen, dass die Sprachkompetenz der meisten Kolleginnen und Kollegen bedeutend höher ist, als dies auf Grund ihrer Selbsteinschätzung zu erwarten gewesen wäre.

Eine häufige Quelle der Unsicherheit in der englischen Sprache bezieht sich auf das sprachliche Verhalten der Lehrerin bzw. des Lehrers in Standardsituationen im Unterricht. Solche Standardsituationen kommen im Unterricht immer wieder vor, sie sind deshalb im hohen Maße planbar und daher zu einem hohen Grad vorhersagbar. Ein wichtiges Ziel von PRIMARY CLASSROOM ENGLISH ist es, Kolleginnen und Kollegen bei der Perfektionierung ihres eigenen Sprachverhaltens in solchen Standardsituationen zu unterstützen.

Eine weitere Quelle der Unsicherheit vieler Kolleginnen und Kollegen scheint die eigene Aussprache zu sein. Hierzu ist zu sagen, dass die Lehrkraft zweifellos ein wichtiges Modell für die Aussprache der Kinder darstellt. PRIMARY CLASSROOM ENGLISH beinhaltet deswegen auch eine CD-ROM, mit deren Hilfe Sie alle wichtige Ausdrücke und Phrasen – von *native speakers* gesprochen und in einem Studio in England aufgenommen – hören können, um auf diese Art an Ihrer eigenen Aussprache zu arbeiten. Es muss allerdings auch gesagt werden, dass die Sprache der Lehrkraft in einem zeitgemäßen Englischunterricht nur ein Modell unter vielen darstellt. Neben ihrem eigenen Englisch stehen der Lehrkraft eine Vielzahl authentischer Stimmen auf CD und Video zur Verfügung. Wenn diese Modelle entsprechend anregend und motivierend gestaltet sind, bieten sie für die Kinder reichlich Anreiz zur Imitation der gehörten Aussprache und Intonation.

Was bietet Ihnen PRIMARY CLASSROOM ENGLISH?

PRIMARY CLASSROOM ENGLISH ist ein Trainingsprogramm, bestehend aus Buch und CD-ROM für Kolleginnen und Kollegen, die in der Grundschule entweder schon Englisch unterrichten oder sich gerade darauf vorbereiten, dies zum ersten

Einleitung

Mal zu tun. Vielleicht ist Ihr Englisch sehr gut, Sie haben aber gewisse Unsicherheiten, was die Verwendung der englischen Sprache in bestimmten Unterrichtskontexten anbelangt. Oder Sie haben Ihr Englisch schon längere Zeit nicht mehr verwendet und haben sich vorgenommen, systematisch an der Entwicklung der eigenen unterrichtsspezifischen Sprachkompetenz zu arbeiten. In beiden Fällen bietet Ihnen PRIMARY CLASSROOM ENGLISH eine Fülle von Möglichkeiten, Ihr Englisch zu präzisieren. Zusätzlich finden Sie hier auch zahlreiche didaktisch-methodische Anregungen.

PRIMARY CLASSROOM ENGLISH ist auch für Studierende und Referendare gedacht, die sich mit der Theorie und der Vorbereitung auf die Praxis des Englischunterrichts in der Grundschule auseinandersetzen. PRIMARY CLASSROOM ENGLISH unterstützt Sie dabei, Ihre Vorstellungen eines kommunikativen und motivierenden frühen Fremdsprachenunterrichts effizient realisieren zu können und Ihr eigenes Sprachverhalten für Ihren künftigen Unterricht adäquat zu verfeinern.

Im ersten Teil von PRIMARY CLASSROOM ENGLISH finden Sie eine Analyse und eine Auflistung von Redemitteln, die im Englischunterricht in der Grundschule im Rahmen der wichtigsten didaktisch-methodischen Module unbedingt benötigt werden. Es sind dies die folgenden Bereiche:

- Wortschatzarbeit
- Dialoge und Rollenspiele
- Total-Physical-Response-Aktivitäten
- Geschichten
- Hörverstehensübungen
- Lieder, Chants und Reime
- Lesen und Schreiben

Der zweite Teil setzt sich mit der Versprachlichung des Lehrverhaltens zur zeitlichen, sozialen und medialen Organisation des Unterrichts auseinander. Darunter finden Sie beispielsweise die Behandlung verschiedener Phasen des Unterrichts und Fragen des *classroom management,* wie der sprachlichen Organisation der erwünschten Sitzordnung ebenso wie des Bereichs Ordnung im Klassenzimmer oder verschiedener Möglichkeiten, Kinder zu loben und zu ermahnen. Den Abschluss des zweiten Teils bilden Ausdrücke und Phrasen, die beim Einsatz relevanter Unterrichtsmedien (Tageslichtprojektor, CD-Spieler, Kassettenrekorder und Video) benötigt werden.

Wenn Sie Redemittel suchen, die zur Integration einer fremdsprachlichen Unterrichtssequenz in eine Phase eines anderen Unterrichtsbereiches benötigt werden,

Einleitung

können Sie diese im dritten Teil finden. Hier werden Phrasen und Ausdrücke aufgelistet, die Sie dann benötigen, wenn Sie Englisch innerhalb der Fachbereiche Sport, Musik, Kunsterziehung, Werken und Mathematik anwenden bzw. unterrichten möchten.

Sämtliche Ausdrücke und Phrasen, die in PRIMARY CLASSROOM ENGLISH angeführt sind, wurden nach sorgfältiger Analyse zahlreicher idealtypischer Unterrichtssequenzen ausgewählt. Die Kriterien für die Aufnahme waren der Grad der Häufigkeit und damit der Transferierbarkeit der Redemittel ebenso wie ihre Verständlichkeit für die Kinder.

Wie verwenden Sie PRIMARY CLASSROOM ENGLISH am besten?

Sie können PRIMARY CLASSROOM ENGLISH auf verschiedenste Art verwenden. Eine Möglichkeit besteht darin, das Programm systematisch durchzuarbeiten, um auf diese Art Ihre eigenen Fremdsprachenkenntnisse zu verfeinern. Wenn Sie sich für diesen Weg entscheiden, sollten Sie sich am besten ein Kapitel auswählen. Lesen Sie zunächst im Buch die Einleitung und die Einführung in das entsprechende Kapitel. Im Buch finden Sie dann eine Auflistung der wichtigsten Ausdrücke und Phrasen zu diesem Kapitel, nach didaktisch-methodischen Gesichtspunkten geordnet. Der Einsatz der CD-ROM bietet Ihnen zahlreiche Vorteile. Sie können mit ihrer Hilfe die Ausdrücke und Phrasen sehr flexibel abrufen, sich zu den einzelnen Phrasen oder Ausdrücken, wenn nötig, auch sofort die Übersetzung holen und sich vor allem die einzelnen Sätze, von *native speakers* gesprochen, einfach und bequem anhören.

Wichtig ist auf jeden Fall, dass Sie sich die einzelnen Sätze mehrfach anhören bzw. sie sich auch visuell einprägen. Sollten Sie sich manche Ausdrücke und Phrasen, die Sie verwenden möchten, nicht leicht merken, empfiehlt es sich, diese auf Kärtchen zu schreiben. Schreiben Sie auf die Vorderseite den Ausdruck oder die Phrase, den bzw. die Sie sich merken möchten, z. B.: *Could you please share with (Lisa), (Anna)?* Markieren Sie dann die Rückseite mit einem Farbpunkt und schreiben Sie hier nur die Anfangsbuchstaben dieses Satzes auf: C y p s w L, A? Nehmen Sie, sooft sich die Gelegenheit dazu bietet, dieses Kärtchen zur Hand, schauen Sie auf die mit dem Farbpunkt markierte Seite und versuchen Sie sich an den Satz zu erinnern. Sagen Sie sich den Satz dann mehrfach vor und stellen Sie sich vor, dass Sie den Satz hören: laut gesprochen, geflüstert, gesungen oder sogar von Ihrem Lieblingsschauspieler gesprochen. Wenn Sie ein Kapitel durchgearbeitet haben, nehmen Sie sich ein anderes vor. Vergessen Sie aber nicht, über einen längeren Zeitraum hindurch auch jene Kapitel zu wiederholen, die Sie schon gut beherrschen. Verwenden Sie regelmäßig die CD-ROM, um sich die Ausdrücke und Phrasen anzuhören. Sie werden bald merken, dass Ihre Sicherheit im *Classroom English* zu wachsen beginnt und Sie sich mühelos und in gutem Englisch in der Klasse ausdrücken.

Sie können PRIMARY CLASSROOM ENGLISH aber auch als Nachschlagewerk verwenden. Nehmen wir zum Beispiel an, Sie sind im Unterricht dabei, ein Lied von der CD zu spielen. Sie wollen eine Schülerin bitten, Ihnen das Verlängerungskabel vom Lehrertisch zu holen, damit Sie den CD-Spieler in Betrieb nehmen können, und merken, dass Ihnen das entsprechende englische Wort nicht einfällt. Machen Sie sich kurz eine entsprechende Notiz. Schauen Sie später einfach im Inhaltsverzeichnis von PRIMARY CLASSROOM ENGLISH oder in der Themenübersicht auf den Seiten 107 ff. nach. Sie werden sehen, dass Sie das gesuchte Wort in Teil 2 (im Abschnitt „Die Verwendung von Medien") nachschlagen können. Wenn Sie etwas mehr Zeit haben, schauen Sie sich aber auch die kontextualisierten Ausdrücke und Phrasen zu diesem Themenbereich in Teil 1 des Buches im Abschnitt „Lieder, Chants und Reime" an und hören Sie die entsprechenden Phrasen und Ausdrücke auch mit Hilfe der CD-ROM an.

Die schnellste und bequemster Art der Suche steht Ihnen auf der CD-ROM zur Verfügung (siehe Seite 11 unten zur genaueren Erläuterung).

PRIMARY CLASSROOM ENGLISH lässt sich auch ideal zur Vorbereitung Ihres Unterrichts einsetzen. Nehmen wir an, Sie bereiten sich gerade darauf vor, in der nächsten Stunde in Ihrer vierten Klasse eine Geschichte zu erarbeiten, aus der Ihre Schüler dann ein kurzes Rollenspiel gestalten sollen. Im Inhaltsverzeichnis finden Sie schnell das entsprechende Kapitel. Lesen Sie sich die Vorschläge auf den Seiten 28 ff. und 40 ff. durch und wählen Sie jene Redemittel aus, die Ihnen helfen, Ihr eigenes fremdsprachliches Lehrverhalten präziser und effizienter zu gestalten. Hören Sie sich die gewählten Redemittel mit Hilfe der CD-ROM an. Wenn es einzelne Ausdrücke oder Phrasen gibt, die Sie sich nicht leicht merken können, gehen Sie am besten so vor, wie weiter oben beschrieben.

Einleitung

Die Verwendung der CD-ROM von PRIMARY CLASSROOM ENGLISH

Starten des Programms.

Legen Sie die CD-ROM in Ihren Computer ein. Das Programm startet von selbst.

Wenn der Selbststart auf Ihrem Computer nicht funktioniert, gehen Sie bitte so vor:

Öffnen Sie mittels Doppelklick den „Arbeitsplatz".

Führen Sie einen Doppelklick auf das CD-ROM-Symbol aus.

Wenn das Programm immer noch nicht startet, so führen Sie bitte einen Doppelklick auf den Ordner *bin* aus.

Doppelklicken Sie in diesem Ordner auf das Symbol PCE.

Auswahlmenü:

Nach dem Starten der CD-ROM kommen Sie automatisch zum Auswahlmenü. Dieses sieht so aus:

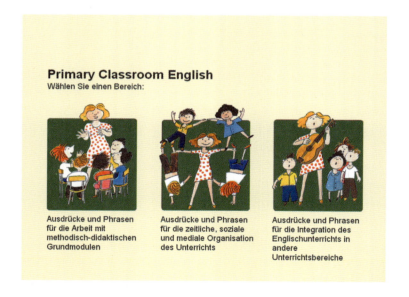

Einleitung

Auswahl eines Bereiches:

Sie können hier durch einfaches Anklicken einen der drei Bereiche auswählen:

- **Ausdrücke und Phrasen für die Arbeit mit methodisch-didaktischen Grundmodulen**
- **Ausdrücke und Phrasen für die zeitliche, soziale und mediale Organisation des Unterrichts**
- **Ausdrücke und Phrasen für die Integration des Englischunterrichts in andere Unterrichtsbereiche**

Nehmen wir an, Sie haben den ersten Bereich angeklickt. Sie sehen nun Folgendes:

Sie haben nun die Möglichkeit, aus den verschiedenen methodisch-didaktischen Grundmodulen auszuwählen, indem sie eines der jeweiligen Kapitel im Menü links anklicken (im konkreten Beispiel sind dies Wortschatzarbeit, Dialoge und Rollenspiele etc.).
Angenommen, Sie wollen sich mit den Ausdrücken und Phrasen vertraut machen, die Sie in der Arbeit mit Geschichten im Unterricht brauchen, so klicken Sie auf Geschichten.

Einleitung

Sie sehen nun das folgende Untermenü:

Sie können nun einen Teilbereich aus der Arbeit mit Geschichten auswählen. Wenn Sie also zum Beispiel den ersten Unterpunkt, Vorbereitung einer Geschichte, anklicken, sehen sie im Dialogfeld rechts die Redemittel.

Einleitung

Sie können nun mit den Redemitteln auf folgende Art arbeiten:

Anhören der Redemittel:
Sie können sich ein Redemittel anhören, indem sie den gewünschten Satz anklicken. Sie hören nun den Satz, von einem *native speaker* gesprochen.

Übersetzung:
Sobald sie mit dem Mauszeiger auf den Satz zeigen, können Sie im Feld rechts unten auch die Übersetzung des Satzes sehen.

Sprachauswahl:
Durch Klicken der *Sprachauswahltaste* können Sie auswählen, ob sie die Ausdrücke und Phrasen auf Englisch oder auf Deutsch sehen wollen. Sie können sich dadurch beispielsweise zu Übungszwecken einen Satz auf Deutsch ansehen, versuchen, sich zu erinnern, wie der Satz auf Englisch hieß, und sofort durch Anklicken des Satzes sich nochmals die englische Sprecherin anhören.
Wenn Sie nun ein anderes Untermenü als den Bereich Geschichten auswählen wollen, klicken Sie einfach auf eines der anderen Angebote.

Mit folgenden Symbole können Sie zusätzliche Sonderfunktionen auswählen:

Suche:
Wenn Sie auf dieses Symbol klicken, erhalten Sie die Möglichkeit, einen Suchbegriff einzugeben. Nehmen wir an, Sie interessieren sich

Einleitung

dafür, was zu Liedern im Englischunterricht angeboten wird. Sie geben also als Suchbegriff „Lied" ein und drücken dann die Eingabetaste. Sofort erscheint links das folgende Auswahlangebot:

Hilfe:
Wenn Sie auf dieses Symbol klicken, erhalten Sie Informationen zur Handhabung der CD-Rom, nach folgenden Stichwörtern geordnet:

Beenden:
Durch Anklicken dieses Symbols können Sie Ihre Arbeit mit der CD-ROM beenden.

Wie viel Muttersprache im Englischunterricht?

Es besteht heute weitgehende Einigkeit unter Kolleginnen und Kollegen sowohl aus der Fremdsprachendidaktik als auch aus dem Bereich der Unterrichtspraxis hinsichtlich der Verwendung der Fremdsprache im Unterricht. Es herrscht weitgehend Zustimmung, dass eine ausschließliche Verwendung der Fremdsprache im Anfangsunterricht oder in den ersten Lernjahren nicht sinnvoll ist. „So viel Fremdsprache wie möglich, so wenig Muttersprache wie nötig" lautet eine häufig zitierte Devise.

Es besteht kein Zweifel, dass es im Englischunterricht in der Grundschule primär darum zu gehen hat, dass die Schülerinnen und Schüler erste Erfahrungen mit der *Zielsprache als Kommunikationsmittel* machen können. Daher sollte es uns ein Anliegen sein, die Fremdsprache im Unterricht von Anfang an auch möglichst oft einzusetzen. Das wichtigste Kriterium für die jeweilige Entscheidung, ob die Fremdsprache oder die Muttersprache verwendet wird, ist die Frage der Verständlichkeit. Jedes Mal, wenn es der Lehrkraft gelingt, eine Anweisung in englischer Sprache so zu geben, dass die Kinder die *Botschaft* verstehen können (auch wenn sie nicht jedes einzelne Wort verstanden haben), nehmen die Kinder an einem wertvollen Lernprozess teil. Die Erfolgserlebnisse, die aus solchen und ähnlichen Lernerfahrungen resultieren, haben einen nicht zu unterschätzenden positiven Einfluss auf die Einstellung der Kinder und die Einschätzung der eigenen Fähigkeiten, eine Fremdsprache erlernen zu können.

Die Lehrkraft kann diesen Prozess der erfolgreichen Entschlüsselung der Fremdsprache schon in frühen Lernphasen aktiv unterstützen. Es empfiehlt sich, in einem natürlichen Sprechtempo zu sprechen, aber einfache und zunächst kurze Äußerungen zu verwenden. Die Betonung sinntragender Wörter, eine entsprechende Gestik und Mimik sowie der Einsatz visueller Hilfen können den Verstehensvorgang entscheidend positiv beeinflussen. Es ist immer wieder faszinierend zu beobachten, wie viel die Schülerinnen und Schüler auch nach kurzer Zeit schon in englischer Sprache verstehen können, wenn es gelingt, eine Atmosphäre zu schaffen, in der die Kinder die Entschlüsselung der englischen Sprache gleichsam als spannendes Spiel erleben, das ihnen regelmäßige Erfolgserlebnisse bringt.

Zusammenfassend seien die folgenden Maximen genannt:

- Verwenden Sie von Anfang an die englische Sprache für Anweisungen, die die Kinder leicht verstehen können. Verwenden Sie Mimik, Gestik und andere visuelle Hilfen, um den Kindern den Verstehensprozess zu erleichtern.

Einleitung

- Loben Sie die Kinder regelmäßig dafür, dass sie Ihre Anweisungen verstanden haben.

- Dehnen Sie die Verwendung der englischer Sprache systematisch aus. Wenn Sie die Kinder nicht verstehen, wiederholen oder paraphrasieren Sie, was Sie gesagt haben. Machen Sie den Kindern von Anfang an auch klar, dass es keine Schande ist, etwas falsch zu verstehen.

- Verhindern Sie unter allen Umständen, dass Kinder andere Kinder, die etwas nicht oder falsch verstehen, auslachen.

- Schaffen Sie eine Atmosphäre, in der es die Kinder als Herausforderung empfinden, Ihre Anweisungen in englischer Sprache zu verstehen.

- Vermeiden Sie, dass Kinder verwirrt oder frustriert werden, weil sie Sie auch nach mehrmaligem Bemühen nicht verstehen können. Oft genügt es, nur ein oder zwei Wörter auf Deutsch zu sagen und dann wieder zur Verwendung der Fremdsprache zurückzukehren.

Die Entwicklung des englischen Klassengesprächs

Entwicklungspsychologen weisen darauf hin, dass ein Kleinkind den Zeitpunkt, zu dem es beginnt, seine Muttersprache zu sprechen, „selbst wählt". Damit ist nicht gemeint, dass das Kind in einer bestimmten Phase des Erwerbs der Muttersprache bewusst die Entscheidung trifft, mit der Sprachproduktion zu beginnen, sondern dass manche Kinder früher, andere später mit dem Sprechen anfangen. Der Zeitpunkt, wann dies geschieht, kann nicht von außen festgesetzt werden kann.

Fremdsprachenerwerb im Klassenzimmer ist grundlegend verschieden vom Erwerb der Muttersprache. Dennoch gilt auch hier, dass der Zeitpunkt, zu dem ein Kind beginnt, in der fremden Sprache zu sprechen, individuell unterschiedlich sein kann. Es sind unter anderem auch psychologische Faktoren, die auf diese Entwicklung einen Einfluss ausüben. Wenn der Englischunterricht in einer entspannten, angstfreien Atmosphäre verläuft und den Kindern, wie schon weiter oben erwähnt, häufig Gelegenheit für positive Lernerlebnisse geboten wird, dann wird dies auch einen entsprechenden Einfluss auf das Selbstvertrauen eher schüchterner Kinder ausüben.

In diesem Zusammenhang ist darauf hinzuweisen, dass Fehler beim Lernen einer Fremdsprache nicht nur unvermeidlich sind, sondern notwendige Lernphänomene darstellen. Sie sind ebenso Zeichen eines Lernfortschritts wie die Tatsache, dass ein Anfänger beim Erlernen des Schifahrens häufig die Balance verlieren und stürzen wird, um notwendige Bewegungserfahrungen zu sammeln. Ein nicht, wertendes, wohlwollendes Verhalten der Lehrkraft bietet die beste Unterstützung beim spielerischen Umgang mit den Formen der neuen Sprache. Vom amerikanischen Spracherwerbsforscher Stephen Krashen stammt der Satz: *Parents correct only three things: verb forms, pronunciation mistakes, and dirty words.* Er unterstreicht damit, dass Fehler natürliche Begleiterscheinungen des Sprachenlernens sind und dass auch in der Klasse nicht jeder Fehler sofort korrigiert werden muss oder sollte.

Wie im vorigen Abschnitt betont, sind wir gut beraten, die englische Sprache im Unterricht regelmäßig zu verwenden und systematisch zu entwickeln, um den Kindern positive Lernerfolge im Verstehen zu ermöglichen. Darauf gilt es aufzubauen, wenn wir auf die Entwicklung des englischen Klassengesprächs abzielen. Forschungen im Klassenzimmer haben gezeigt, dass der Prozess *vom Verstehen zum Sprechen* häufig die folgenden Phänomene umfasst:

- Die Lehrkraft spricht englisch, verwendet kurze Sätze, spricht im normalen Sprechtempo und gibt den Kindern Zeit, über das Gesagte nachzudenken. Sie hilft beim Verstehen durch die Verwendung von Mimik, Gestik, Anschauungsmitteln und Bildern. Die Kinder verstehen die Äußerungen und reagieren häufig in der Muttersprache.

- Die Lehrkraft lobt die Kinder von Anfang an regelmäßig dafür, dass sie ihre Äußerungen in englischer Sprache verstehen können. Es gelingt ihr mit viel Geduld, die Zahl der muttersprachlichen Äußerungen der Kinder langsam abzubauen. Häufig geschieht dies dadurch, dass sie mit den Kindern über das Englischlernen spricht und ihnen erklärt, dass sie nicht deutsch zu sprechen brauchen, wenn sie etwas verstanden haben, sondern dass die Lehrkraft ohnehin sehen kann, ob sie verstanden wurde.

- Die Lehrkraft führt die Kinder behutsam zur Sprachproduktion. Die ersten zu erwartenden Äußerungen sind Einzelwörter, allmählich können kurze Äußerungen von zwei oder drei Wörtern evoziert werden. Häufiges Lob ist eine unverzichtbare Stütze.

- Das Unterrichtstempo ist relativ flott, der Unterrichtsprozess erfolgt aber in kleinen Schritten. Die Kinder haben dadurch regelmäßige Erfolgserlebnisse.

- Es wird regelmäßig wiederholt, vor allem am Beginn einer neuen Unterrichtssequenz im Wortschatzbereich.

Einleitung

- Lieder, Reime, Chants und die Rekonstruktion von Geschichten sind ebenso unverzichtbare Hilfen für die Entwicklung der Sprachproduktion der Kinder wie häufige Rollenspiele.

Abschließend sollte hier noch ein Aspekt näher betrachtet werden, der mit dem fremdsprachlichen Verhalten der Lehrkraft eng zusammenhängt und ganz entscheidenden Einfluss auf die Entwicklung der fremdsprachlichen Produktion der Kinder haben kann. Die Lehrkraft kann die Entwicklung der Sprache der Kinder dadurch äußerst positiv beeinflussen, dass sie in Phasen der mündlichen Sprachproduktion, in denen Kinder Sprache funktional produzieren, natürlich und nicht formal auf die Äußerungen der Kinder reagiert.

Was verstehen wir unter einer natürlichen im Gegensatz zu einer formalen Reaktion? Wenn im Alltag jemand z. B. nach der Uhrzeit fragt, dann wird diese Interaktion in englischer Sprache zum Beispiel so ablaufen:

A: *Excuse me, can you tell me the time?*
B: *Ten past five.*

Dieser Dialog ist zweifellos auch im Unterricht so vorstellbar. Die Frage, ob er im Klassenzimmer einem natürlichen Kommunikationsvorgang im Alltag ähnlich ist oder formal abgeschlossen wird, hängt von der Reaktion der Lehrkraft (nehmen wir an, sie ist in der Rolle des Sprechers A) auf die Äußerungen des Kommunikationspartners B (des Kindes) ab. Im Alltag würde nun eine natürliche Reaktion erfolgen. (Das könnte zum Beispiel *Thank you* sein. Ebenso wären aber auch andere Äußerungen denkbar, wie zum Beispiel *Oh really? I have to hurry now.*) Im Alltag undenkbar wäre eine Reaktion, die ausschließlich eine Rückmeldung auf die sprachliche Richtigkeit der Antwort darstellt. (Etwa: *Very good./Sorry, wrong. Say it again* etc.) Für den Unterricht gilt, dass wir sooft wie möglich danach streben sollten, inhaltlich und nicht formal auf die Äußerungen der Kinder zu reagieren.

Teil 1

Ausdrücke und Phrasen für die Arbeit mit methodisch-didaktischen Grundmodulen

Wortschatzarbeit

ZIELE UND BEGRÜNDUNGEN

Prinzipiell ist zwischen rezeptivem Wortschatz (das sind jene Wörter, die die Kinder nur verstehen können) und produktivem Wortschatz (das sind jene Wörter, die die Kinder auch selbst anwenden können) zu unterscheiden. Die Entwicklung des rezeptiven Wortschatzes ist ein wichtiges Anliegen, das durch den systematischen und konsequenten Einsatz der englischen Sprache (wo sinnvoll und möglich) grundgelegt wird. Darüber hinaus wird der rezeptive Wortschatz durch Hörverstehensübungen, vor allem aber durch Total-Physical-Response-Aktivitäten und Geschichten ständig erweitert. Die Intonation sowie die Gestik und Mimik der Lehrkraft, Bilder und Anschauungsmittel helfen den Kindern neue Wörter zu verstehen und unterstützen den Aufbau des rezeptiven Wortschatzes.

Im Folgenden werden Redemittel aufgelistet, die bei der Entwicklung des produktiven Wortschatzes der Kinder von Bedeutung sind. Methodisch geht es bei der Erarbeitung eines neuen Wortes um die folgenden Phasen:

- Die Kinder sollen zunächst die Bedeutung eines neuen Wortes erfassen. Sagen Sie ein neues Wort und verwenden Sie Gestik und Mimik, ein Bild oder ein Anschauungsmittel, um diesen Vorgang zu unterstützen.

- Die Kinder werden mit der Aussprache neuer Wörter konfrontiert. Dies geschieht dadurch, dass Sie die neuen Wörter möglichst mehrere Male vorsagen und/oder von einem Tonträger vorspielen. Die Kinder sprechen die Wörter nach.

- Damit neue Wörter tatsächlich in den produktiven Wortschatz der Kinder aufgenommen werden, sollten sie multi-sensorisch erarbeitet und häufig geübt werden. Dabei sollte immer wieder darauf geachtet werden, dass sich die Kinder die Bedeutung der geübten Wörter gemerkt haben.

- Später sollen sich die Kinder zusätzlich das Schriftbild (wichtiger Wörter) einprägen.

CLASSROOM ENGLISH

Erklärung der Bedeutung

■ Mit Hilfe von Bildern und Gesten:

Look at the picture.
(L zeigt ein Bild.) (Tree.)

Schaut das Bild an.

Look at me. (Climb.)
(L macht entsprechende Bewegungen.)
(Climb.) Do it after me.

Schaut mir zu.

Macht es mir nach.

(Climb.) Do it with me.
Do what I do.

Macht es mit mir.
Macht, was ich mache.

And now another word. (Run.)
(L macht entsprechende Bewegungen.)
Yes, do it everyone. (Run.)
Very good.

Und jetzt ein anderes Wort./
Und jetzt noch ein Wort.
Ja, macht alle mit.
Sehr gut.

(Rain.) How can we do (rain)?
Yes, let's do it like this.
All together.

Wie können wir (Regen) darstellen?
Ja, machen wir es so.
Alle gemeinsam.

■ Mit Hilfe eines Wortes, das die Kinder schon kennen:

Another word for (crayon)
is (coloured pencil).

Ein anderes Wort für (crayon)
ist (coloured pencil).

(Small.) (Small) is the opposite
of (big).

(Small) ist das Gegenteil von (big).

Präsentation der Aussprache

Listen. (Climb.)
Listen carefully. (Climb.)
Say the word after me.
Repeat the word.
Repeat after me.

Hört zu.
Hört gut zu.
Sprecht das Wort nach.
Wiederholt das Wort.
Sprecht mir nach.

Say it with me. (Climb.)
Speak up, please.

Sprecht mit mir mit.
Sprecht bitte lauter.

Wortschatzarbeit

Wortschatzarbeit

> **Sicherstellen, dass sich die Kinder die Bedeutung der neuen Wörter gemerkt haben (Übung und Festigung)**

■ **Mit Hilfe von Bildern und Gesten:**

Who knows what this is in English? (L zeigt ein Bild.)	*Wer weiß, wie das auf Englisch heißt?*
Who can remember this word?	*Wer hat sich dieses Wort gemerkt?/Wer weiß dieses Wort noch?*
Can you remember this word?	*Habt ihr euch dieses Wort gemerkt?/ Wisst ihr dieses Wort noch?*
Tell me the words for the pictures. (L zeigt auf eine Reihe von Bildern.)	*Nennt mir die Wörter zu diesen Bildern.*
What's this? (L beginnt etwas an der Tafel zu zeichnen.) Guess what it is. What do you think?	*Was ist das?* *Ratet, was das ist.* *Was glaubt ihr?*
(L hat Bilder an die Tafel gezeichnet/ an der Tafel befestigt.) (Sandra), come out, please. Can you find the (lion)? Point to the (lion). Touch the (lion).	*(Sandra), komm bitte heraus.* *Kannst du (den Löwen) finden?* *Zeig auf (den Löwen).* *Berühre (den Löwen).*
(Bilder hängen an der Tafel.) (Peter), swap the (elephant) and the (monkey). (Thomas), take the card with the (snake) on it and give it to (Claudia). (Claudia), put the (snake) back on the board.	*(Peter), vertausche (den Elefanten) und (den Affen).* *(Thomas), nimm die Karte mit (der Schlange) und gib sie (Claudia).* *(Claudia), gib (die Schlange) zurück an die Tafel.*
Can you remember this word? (L macht z. B. Gestik für "climb".) Guess what it is. It's an activity. You can do it.	*Habt ihr euch dieses Wort gemerkt?/ Wisst ihr dieses Wort noch?* *Ratet, was das ist.* *Es ist eine Tätigkeit.* *Ihr könnt sie darstellen.*

Wortschatzarbeit

Now, (Lisa), do one of the words.
We'll all try to guess it.

Read my lips.
(L sagt ein Wort ohne Stimme.)
What word is it?

■ **Mit Hilfe von Mimik und Gestik:**

Do some activities.
(Play ball.) Do it.

What else can we do?
Can you show me (run)?

■ **Mit Hilfe von Zeigen oder Berühren:**

(Lukas), show me a (red crayon).

(Maria), tell me the name of a child who's wearing pink jeans.

Point to the (window).

(Stefan), touch a (green pencil case).

Touch the (floor).

■ **Mit Hilfe von Wortfeldern:**

Let's make a list of (colours).

Name things you (can eat).

What (animals) can you remember?
Tell me some more (animals).

How many (school things)
can you remember?
Who knows more than (three) words?
More than (five)?
Well done.
Excellent.

(Lisa), stelle eines der Wörter dar.
Wir werden alle versuchen,
es zu erraten.

Lest von meinen Lippen ab.

Welches Wort ist das?

Stellt ein paar Tätigkeiten dar.
Stellt es dar.

Was können wir noch darstellen?
Könnt ihr mir (laufen) zeigen?

(Lukas), zeig mir
(einen roten Farbstift).

(Maria), nenn mir den Namen eines
Kindes, das rosa Jeans anhat.

Zeig auf (das Fenster).

(Stefan), berühre (eine grüne
Federmappe/Federschachtel).
Berühre (den Boden).

Machen wir eine Liste von (Farben).

Nennt Dinge, die (man essen kann).

Welche (Tiere) habt ihr euch gemerkt?
Nennt mir noch ein paar (Tiere).

Wie viele (Schulsachen)
habt ihr euch gemerkt?
Wer weiß mehr als (drei) Wörter?

Mehr als (fünf)?
Gut gemacht.
Großartig.

Wortschatzarbeit

Look at the pictures. (L zeigt auf eine Reihe von Bildern, z. B. coat, boots, sweater, pencil, cap.) Tell me the words. Now look again. Which picture doesn't fit? Yes, good. The (pencil) doesn't fit.	*Schaut die Bilder an.* *Sagt mir die Wörter.* *Schaut noch einmal.* *Welches Bild passt nicht dazu?* *Ja, gut.* *Der (Bleistift) passt nicht dazu.*

■ Mit Hilfe fixer Reihenfolgen:

(One, two, three …) What's next?	*Was kommt dann?*
(Monday). Tell me the next day.	*Nennt mir den nächsten Tag.*
(Wednesday). Tell me the previous day./Tell me the day before.	*Nennt mir den Tag davor.*

■ Mit Hilfe eines Kontextsatzes und entsprechender Gestik:

Imagine you don't know what time it is. You look at your … (L schaut auf die Armbanduhr.)	*Stellt euch vor, ihr wisst nicht,* *wie spät es ist.* *Ihr schaut auf eure …*

■ Mit Hilfe des Anfangsbuchstabens:

I'm thinking of (a colour). The word starts with (p). Can you tell me (a colour) that starts with (p)?	*Ich denke an (eine Farbe).* *Das Wort beginnt mit (p).* *Könnt ihr mir (eine Farbe) nennen,* *(die) mit (p) beginnt?*

■ Durch Wiederholung:

What words can you remember from last lesson? What words can you remember from the (story) we did (yesterday)?	*An welche Wörter aus der letzten* *Stunde könnt ihr euch erinnern?* *An welche Wörter aus* *(der Geschichte), (die) wir (gestern)* *durchgenommen haben,* *könnt ihr euch erinnern?*
Work in pairs. Find as many words as you can from last lesson.	*Arbeitet zu zweit.* *Findet so viele Wörter aus der letzten* *Stunde wie möglich.*

Wortschatzarbeit

Find as many words as you can from the (story) we did (yesterday).

How many words did you find?
Tell me your words.

Findet so viele Wörter wie möglich aus (der Geschichte), (die) wir (gestern) durchgenommen haben.

Wie viele Wörter habt ihr gefunden?
Nennt mir die Wörter.

■ **Mit Hilfe von Wortschatzspielen:**

Let's play a game.

Spielen wir ein Spiel.

(L hat einen Gegenstand in einem Sack versteckt.)
Guess what's in the (bag).
Feel what's in the bag, (Georg).

Rate, was in (dem Sack) ist.
Spüre, was in (dem Sack) ist, (Georg).

Feel it.
What is it?
You think it's (a banana)?
Take it out.
Show it to the others.
Yes, you're right.
It's a banana.

Spüre es.
Was ist es?
Du glaubst, es ist (eine Banane)?
Nimm es heraus.
Zeig es den anderen.
Ja, du hast Recht.
Es ist (eine Banane).

(L hat Bilder an die Tafel gezeichnet/gehängt.)
Tell me the words for the pictures.
Yes, very good.
Now close your eyes.
(L entfernt ein oder zwei Bilder von der Tafel.)
Open your eyes.
What's missing?

Nennt mir die Wörter zu den Bildern.
Ja, sehr gut.
Macht jetzt die Augen zu.

Macht die Augen auf.
Was fehlt?

Let's make a circle.
(Colours. Yellow.) (Bella), catch the ball and say another (colour).
(L wirft den Ball dem Kind zu.)
Now throw the ball to (Philipp).
(Philipp), say a different (colour) and throw the ball to …

Machen wir einen Kreis.
(Farben. Gelb.) (Bella), fang den Ball und nenne (eine andere Farbe).

Jetzt wirf den Ball (Philipp) zu.
(Philipp), nenn (eine weitere Farbe) und wirf den Ball … zu.

■ **Mit Hilfe von Übungen im Lehrbuch:**

Open your books at page (four).

Macht das Buch auf Seite (vier) auf.

Look at the pictures.
Point to (the green sweater).
And now to (the red dress).
…

Schaut die Bilder an.
Zeigt auf (den grünen Pullover).
Und jetzt auf (das rote Kleid).

Wortschatzarbeit

Look at the picture.	Schaut auf das Bild.
Stop looking at the picture.	Hört auf, auf das Bild zu schauen.
Close your books./Shut your books.	Macht die Bücher zu.
Tell me what's in the picture.	Sagt mir, was auf dem Bild zu sehen ist.
Now let's open the books and check.	Und jetzt macht die Bücher auf und schaut nach.
Look at the picture puzzle.	Schaut das Bilderrätsel an.
Look closely.	Schaut genau.
What (animals) can you find?	Welche (Tiere) könnt ihr finden?
Yes.	Ja.
Very good.	Sehr gut.
There are (lions, monkeys and snakes) in the picture.	Es sind (Löwen, Affen und Schlangen) auf dem Bild.
How many (lions) are there?	Wie viele (Löwen) sind es?
How many (lions) can you find?	Wie viele (Löwen) könnt ihr finden?
Count them.	Zählt sie.
And how many (monkeys)?	Und wie viele (Affen)?
…	

Arbeit mit dem Schriftbild

Ein Tipp aus der Praxis:

Im Englischunterricht in der Grundschule sollte die Aussprache eines Wortes gut abgesichert sein, bevor das Schriftbild präsentiert wird. Wenn in einer Klasse trotzdem immer wieder Interferenzen zwischen Schriftbild und Aussprache auftreten (die Kinder sprechen die Wörter so aus, wie sie geschrieben werden), dann empfiehlt es sich, das Schriftbild eines neuen Wortes mittels einer Flashcard zunächst nur ganz kurz zu zeigen. Die Kinder erfassen dann das Wort ganzheitlich (und haben keine Zeit, es Buchstabe für Buchstabe zu lautieren). Sagen Sie dann das Wort selbst noch einmal wiederholend zur Bestätigung und hängen Sie erst dann die entsprechende Wortkarte an die Tafel/Wand.

■ **Einführung des Schriftbildes mit Hilfe von Flashcards:**

OK now.	Es geht los.
Watch carefully.	Schaut genau.
What is it?	Was ist es?

Wortschatzarbeit

What's this?
(L zeigt ganz kurz eine Flashcard.)
Say the word.
Yes.
(Cupboard.)
(Oliver), come here, please.
Put the word next to the picture on the board.

Close your eyes.
(L vertauscht zwei Flashcards bei den Bildern an der Tafel.)
Open your eyes.
Tell me what's wrong.

Was ist das?

Sagt das Wort.
Ja.

(Oliver), komm bitte her.
Gib das Wort zum Bild an der Tafel.

Macht die Augen zu.

Macht die Augen auf.
Sagt mir, was falsch ist.

■ Üben des Schriftbildes:

• *mit Hilfe von Flashcards:*

Do you remember what this is?
(L zeigt eine Flashcard.)
Tell me the word.

Habt ihr euch gemerkt, was das ist?/
Wisst ihr noch, was das ist?
Sagt mir das Wort.

• *mit Hilfe des Anfangsbuchstabens:*

What (colour) am I thinking of?
(L schreibt b an die Tafel.)
No, sorry.
It isn't (blue).
Who can help?
Yes, (Barbara), it's (brown).

An (welche Farbe) denke ich?

Leider nein.
Es ist nicht (blau).
Wer kann helfen?
Ja, (Barbara), es ist (braun).

• *mit Hilfe von Wörtern an der Tafel:*

I'm going to rub out some of the words.
I'm going to take away some of the flashcards.
Close your eyes.
(L löscht zwei oder drei Wörter/entfernt zwei oder drei Flashcards von der Tafel.)
Good.
Open your eyes.
What's missing?
Which words are missing?

Jetzt werde ich ein paar Wörter weglöschen.
Jetzt werde ich ein paar Flashcards wegnehmen.
Macht die Augen zu.

Gut.
Macht die Augen auf.
Was fehlt?
Welche Wörter fehlen?

Wortschatzarbeit

• durch das Einkleben von Wortstreifen:

Cut out the words (on page forty).	Schneidet die Wörter (auf Seite vierzig) aus.
Put them on your desks.	Legt sie auf eure Tische.
Look at the pictures (on page twenty).	Schaut die Bilder (auf Seite zwanzig) an.
Picture number one.	Bild eins.
What is it?	Was ist das?
Yes, it's (an apple).	Ja, es ist (ein Apfel).
Which word goes with the picture?	Welches Wort gehört zu dem Bild?
Hold up the word.	Haltet das Wort in die Höhe.
No, try again.	Nein, versucht es noch einmal.
Yes, good.	Ja, gut.
Now stick the word next to the picture.	Nun klebt das Wort zum/ neben das Bild.
Now stick the word under the picture.	Nun klebt das Wort unter das Bild.

• mit Hilfe einer Schreibübung:

Now copy the words from the board, please.	Jetzt schreibt bitte die Wörter von der Tafel ab.
Write the words in your notepads.	Schreibt die Wörter auf euren Schreibblock.
Write the words in your exercise books.	Schreibt die Wörter in eure Schreibhefte.
Who can write (boots)?	Wer kann (boots) schreiben?
(Petra), come out and write the word on the board.	(Petra), komm heraus und schreib das Wort an die Tafel.
Thank you, (Petra).	Danke, (Petra).
Well done!	Gut gemacht.
Look at your worksheets.	Schaut die Arbeitsblätter an.
Look at the pictures on page (twelve).	Schaut die Bilder auf Seite (zwölf) an.
The words under the pictures are missing.	Die Wörter unter den Bildern fehlen.
Can you remember the words?	Wisst ihr die Wörter noch?/Könnt ihr euch an die Wörter erinnern?
Very good.	Sehr gut.
Write the words under the pictures.	Schreibt die Wörter unter die Bilder.

Wortschatzarbeit

• *durch das Bilden von Sätzen:*

Look at the words on the board. Who can say a sentence with one of the words?	*Schaut die Wörter an der Tafel an. Wer kann einen Satz mit einem der Wörter sagen?/Wer kann einen Satz sagen, der eines dieser Wörter enthält?*
Can anyone make a sentence with (mum)?	*Kann jemand einen Satz mit (mum) bilden?*

CLASSROOM ENGLISH FÜR DIE KINDER

I don't know the word.	*Ich weiß das Wort nicht.*
I don't understand this word. Can you help me, please? Say it again, please./Say it once more, please.	*Ich verstehe dieses Wort nicht. Können Sie mir bitte helfen? Sagen Sie es bitte noch einmal./Sagen Sie es bitte noch ein weiteres Mal.*
I can't read this word.	*Ich kann dieses Wort nicht lesen.*
Sorry. I can't spell (purple).	*Entschuldigung. Ich weiß nicht, wie man (purple) schreibt.*
Is this OK? Check, please. Thank you.	*Ist das richtig? Überprüfen Sie es bitte. Danke.*
What does (tights) mean?	*Was bedeutet (tights)?*
What's (Kleiderschrank) in English?	*Wie heißt (Kleiderschrank) auf Englisch?*
Can you write it on the board, please?	*Können Sie es bitte an die Tafel schreiben?*

Dialoge und Rollenspiele

ZIELE UND BEGRÜNDUNGEN

Das Ziel der Entwicklung der mündlichen Sprachproduktion der Kinder ist die Fähigkeit, sich selbst in der Fremdsprache ausdrücken zu können. Das ist im Englischunterricht in der Grundschule wegen des geringen sprachlichen Inventars, das die Kinder produktiv zur Verfügung haben, nur bedingt möglich, etwa dann, wenn die Kinder die Phrasen *I like* bzw. *I don't like* verwenden, um auszudrücken, was sie gerne essen oder trinken.

Auf dem Weg zur mündlichen Sprachproduktion durch die Kinder sind solche Phasen unerlässlich. Daneben sind es vor allem einfache Rollenspiele, die es den Kindern ermöglichen, in der Fremdsprache mit anderen zu interagieren. Die starke Imagination der Kinder macht es möglich, dass Rollenspiele quasi Wirklichkeitscharakter annehmen und so ein „Probehandeln" in der Fremdsprache ermöglichen, bei dem sich die Kinder mit ihren Rollen voll identifizieren.

Varianten von Rollenspielen:

- Die Kinder hören einen Dialog von der CD und spielen ihn in der Klasse nach.
- Die Kinder hören einen Dialog von der CD, verändern ihn und spielen „ihren Dialog" vor.
- Die Kinder sehen einen Sketsch auf Video und spielen ihn in der Klasse nach.
- Die Kinder sehen einen Sketsch auf Video, verändern ihn und spielen „ihren Sketsch" vor.

CLASSROOM ENGLISH

Bitte beachten Sie, dass die im Folgenden aufgelisteten Formen der Verarbeitung erst nach der Phase der Wortschatzeinführung (siehe den Abschnitt „Wortschatzarbeit") und der Hinführung zum Dialog erfolgen.

Ankündigen, dass Sie einen Dialog/Sketsch vorspielen werden

OK, I'm going to play a dialogue now.	*Gut, jetzt werde ich einen Dialog vorspielen.*

Dialoge und Rollenspiele

OK, we're now going to listen to a dialogue.	*Gut, jetzt werden wir uns einen Dialog anhören.*
Listen carefully.	*Hört gut zu.*
We're going to see a sketch now.	*Jetzt werden wir einen Sketsch sehen.*
Let's watch a sketch.	*Schauen wir uns einen Sketsch an.*
Watch carefully.	*Passt gut auf.*

Die Aufmerksamkeit der Kinder nach dem ersten Vorspielen fokussieren

How many (children) are there in the dialogue?	*Wie viele (Kinder) gibt es in dem Dialog?*
How many (children) are there in the sketch?	*Wie viele (Kinder) gibt es in dem Sketsch?*
Who are they?	*Wer sind sie?*
What are their names?	*Wie heißen sie?*
Who starts speaking?/Who speaks first?	*Wer spricht zuerst?*
What does (John) say?	*Was sagt (John)?*
And what does (Sarah) answer?	*Und was antwortet (Sarah)?*
...	
Well, let's play the dialogue again.	*Also, spielen wir den Dialog noch einmal vor.*
Let's listen to the dialogue again.	*Hören wir uns den Dialog noch einmal an.*
Now we're going to see the sketch again.	*Jetzt werden wir den Sketsch noch einmal sehen.*
Listen carefully and find out what (Sarah) says.	*Hört gut zu und findet heraus, was (Sarah) sagt.*
Listen carefully and remember what (Sarah) says.	*Hört gut zu und merkt euch, was (Sarah) sagt.*
Did you understand it this time?	*Habt ihr es diesmal verstanden?*

Den Dialog in der Klasse rekonstruieren

(John) starts speaking.	*(John) spricht zuerst.*
He says, "Do you like ice cream, (Sarah)?"	*Er sagt: „Magst du Eis, (Sarah)?"*
Let's repeat that, all together.	*Wiederholen wir das alle gemeinsam.*
Say it again.	*Sagt es noch einmal.*
Once more, please.	*Noch einmal, bitte.*

Dialoge und Rollenspiele

OK.	Gut.
Now let's imagine you're (John).	Nun stellt euch vor, ihr seid (John).
And I'm (Sarah).	Und ich bin (Sarah).
Let's do the dialogue together.	Machen wir den Dialog zusammen.
You start.	Ihr beginnt.
...	
Right.	Gut.
And now I'm (John),	Und jetzt bin ich (John),
and you're (Sarah).	und ihr seid (Sarah).
Let's do it again.	Machen wir es noch einmal.
Good.	Gut.
And now do the dialogue in pairs.	Und jetzt sprecht den Dialog zu zweit.
And now do the sketch with a partner.	Und jetzt spielt den Sketsch zu zweit.
One of you is (John),	Der eine ist (John),
and the other one is (Sarah).	und der andere ist (Sarah).
(John) starts.	(John) fängt an.

Die Kinder zum Vorspielen auffordern

Who would like to come out and act out the dialogue now?	Wer möchte herauskommen und den Dialog jetzt vorspielen?
Who would like to come out and act out the sketch now?	Wer möchte herauskommen und den Sketsch jetzt vorspielen?
(Petra and Michael), would you like to come to the front and act it out?	(Petra und Michael), möchtet ihr herauskommen und ihn vorspielen?

Die Spielszene/Requisiten arrangieren

OK.	Gut.
So let's move this (desk) over here.	Dann schieben wir also diesen Tisch hierher.
This is (the shop).	Das ist (das Geschäft).
Let's write a sign so that everybody knows that this is (the shop).	Schreiben wir ein Schild, damit jeder weiß, dass das (das Geschäft) ist.
(Markus), you stand behind the desk.	(Markus), stelle dich hinter den Tisch.
(Markus), you stand in front of the desk.	(Markus), stelle dich vor den Tisch.
Markus, you stand over here.	(Markus), stelle dich hierher.

And you come in from this side, (Kathi).	Und du kommst von dieser Seite herein, (Kathi).
(Kathi), you need a (shopping basket). Who's got a (shopping basket)? And we need a (banana). Who can bring a (banana)?	(Kathi), du brauchst (einen Einkaufskorb). Wer hat (einen Einkaufskorb)? Und wir brauchen (eine Banane). Wer kann (eine Banane) bringen?

Den Dialog mit der ganzen Klasse verändern

OK. Now let's change the dialogue. At the beginning, (John) says, ("Do you like ice cream, Sarah?") What could (he) say instead? Yes. Very good. And what could (Sarah) answer?	Gut. Verändern wir jetzt den Dialog. Am Anfang sagt (John): ("Do you like ice cream, Sarah?"). Was könnte (er) stattdessen sagen? Ja. Sehr gut. Und was könnte (Sarah) antworten?
Good. What other changes could we make in the dialogue? Any suggestions?	Gut. Welche Änderungen könnten wir in dem Dialog noch machen? Irgendwelche Vorschläge?

Die Kinder verändern den Dialog in Partner- oder Gruppenarbeit

Now work in pairs. Now work in groups of (four). First decide who is (John) and who is (Sarah). In each group, one is (John), and one is (Sarah). Try to find a different ending to the dialogue. Try to find a different ending to the sketch.	Arbeitet jetzt zu zweit. Arbeitet jetzt in (Vierergruppen). Entscheidet zuerst, wer (John) und wer (Sarah) ist. In jeder Gruppe ist einer (John) und einer (Sarah). Versucht ein anderes Ende für den Dialog zu finden. Versucht ein anderes Ende für den Sketsch zu finden.
Try to change the dialogue. Try to change the sketch. I'd like you to create a new dialogue now.	Versucht den Dialog zu ändern. Versucht den Sketsch zu ändern. Ich möchte, dass ihr jetzt einen neuen Dialog erfindet.

Dialoge und Rollenspiele

Act your new dialogue out with your partner first.	*Spielt den neuen Dialog zuerst mit eurem Partner.*
Act your new dialogue out in your group first.	*Spielt den neuen Dialog zuerst in eurer Gruppe.*
Raise your hands if you need some help.	*Zeigt auf, wenn ihr Hilfe braucht.*
If you have a problem, just raise your hands.	*Wenn ihr ein Problem habt, zeigt einfach auf.*
Put up your hands if you need a word.	*Zeigt auf, wenn ihr ein Wort nicht wisst./Hebt die Hand, wenn ihr ein Wort nicht wisst.*
Who wants to act out their new dialogue?	*Wer will den neuen Dialog vorspielen?*
(Karin) and (Oliver), what about you?	*(Karin) und (Oliver), wie wär's mit euch?*
Come to the front, please.	*Kommt bitte heraus.*
Excellent.	*Großartig.*
Come on, let's give them a big hand.	*Applaus, bitte.*

Mehrere Kinder in ein Gespräch einbeziehen (anhand des Beispiels *I like – I don't like*)

I like (spinach). Do you like it, (Karin)?	*Ich mag (Spinat). Magst du ihn, (Karin)?*
(Sonja), what about you?/(Sonja), how about you?	*(Sonja), was ist mit dir?*
Ask someone else, (Sonja).	*Frag jemand anderen, (Sonja).*
What about (carrots)?	*Wie steht's mit (Karotten)?*
Do you like (carrots), (Thomas)?	*Magst du (Karotten), (Thomas)?*
Who likes (carrots)?	*Wer mag Karotten?*
Who doesn't like (carrots)?	*Wer mag Karotten nicht?*

Verwendung von *substitution tables* und Dialogbausteinen

Ein Tipp aus der Praxis:

Substitution tables und Dialogbausteine sind wichtige Hilfsmittel bei der Entwicklung der mündlichen Sprachproduktion, vor allem in der vierten Klasse. Die Arbeit mit solchen Hilfsmitteln erfolgt am besten in vier Phasen:

- Aussprache und Bedeutungsklärung.
- Übung der Redemittel.
- Die Kinder lernen in Einzelarbeit die Redemittel ein und wählen aus, was sie sagen wollen.
- Anwendungsphase: die Kinder sprechen mit Hilfe der Redemittel.

Hier finden Sie ein Beispiel für *substitution tables* zum Thema „Fernsehen":

I like	cartoons.
	nature programmes.
	detective films.
	sports programmes.
	science fiction films.
	romantic films.

Cartoons are	interesting.
	boring.
	great.

I	always	watch cartoons.
	often	
	sometimes	
	never	

■ Bedeutungsklärung:

What does (cartoons) mean?   *Was bedeutet (cartoons)?*

What's this in German?   *Was heißt das auf Deutsch?*

■ Üben der Redemittel:

Say after me,
("I often watch cartoons.")
Say it a bit faster, please.
No.
Listen carefully.
Say it again.

Sprecht mir nach:
("I often watch cartoons.")
Sagt es bitte etwas schneller.
Nein.
Hört gut zu.
Sagt es noch einmal.

Say the first sentence after me.
Whisper the sentence.
Say it very loudly.
Say the sentence to yourself
so that I cannot hear it,
but you can hear it in your head.

Sprecht mir den ersten Satz nach.
Flüstert den Satz.
Sagt ihn sehr laut.
Sagt euch den Satz so vor, dass ich
ihn nicht hören kann, dass ihr ihn
aber im Kopf hören könnt.

Dialoge und Rollenspiele

Say the sentence again to yourself, so that only you can hear it in your head.	*Sagt euch den Satz noch einmal so vor, dass nur ihr ihn im Kopf hören könnt.*
Can you say the second sentence, (Sandra), please?	*Kannst du bitte den zweiten Satz sagen, (Sandra)?*
Who can say the third sentence?	*Wer kann den dritten Satz sagen?*

■ **Die Kinder lernen die Redemittel individuell:**

I'll give you (two) minutes now.	*Ich gebe euch jetzt (zwei) Minuten Zeit.*
Concentrate on the language in your book.	*Konzentriert euch auf die Redemittel im Buch.*
Concentrate on the language on the board.	*Konzentriert euch auf die Redemittel an der Tafel.*
Study the sentences.	*Schaut euch die Sätze genau an.*
Say them to yourself again and again so that you can remember them.	*Sagt euch die Sätze immer wieder vor, damit ihr sie euch merkt.*
Then think what you want to say.	*Dann denkt nach, was ihr sagen wollt.*

■ **Die Kinder zum Sprechen auffordern:**

Who wants to start?	*Wer will anfangen?*
Who's first?	*Wer beginnt?*
What about you, (Michael)?/How about you, (Michael)?	*Was ist mit dir, (Michael)?*
Can you tell me what you think, (Sandra)?	*Kannst du mir sagen, was du meinst, (Sandra)?*

Total-Physical-Response-Aktivitäten (action stories)

ZIELE UND BEGRÜNDUNGEN

Wenn Kinder ihre Muttersprache lernen, tun sie dies mit ihrem ganzen Körper. Die Sprache ist dabei kein formales System von Wörtern, syntaktischen Strukturen, Aussprache, Betonung usw., denn Kinder lernen die Muttersprache ganzheitlich im Handlungsvollzug zu verstehen und allmählich zu verwenden. TPR, eine vom amerikanischen Psychologen James Asher entwickelte Methode der Fremdsprachenvermittlung, baut auf demselben Prinzip auf. Die Lernenden hören Anweisungen und setzen diese sofort in konkrete Handlungen um, dem Beispiel der Lehrkraft folgend.

TPR-Sequenzen bestehen aus vier Phasen:

- Die Lehrkraft gibt eine Anweisung, zeigt gleichzeitig die entsprechende Tätigkeit vor und die Kinder imitieren sie. Dann gibt die Lehrkraft die nächste Anweisung, die auf die gleiche Art erarbeitet wird, usw. Dieser Vorgang wird mehrmals wiederholt.

- Die Lehrkraft gibt nun dieselben Anweisungen, in derselben Reihenfolge wie in der ersten Phase. Die Kinder führen die Anweisungen aus, ohne dass ihnen die Lehrkraft dafür ein Modell gibt. Auch diese Phase wird mehrmals wiederholt.

- Die Lehrkraft vertauscht nun die Reihenfolge der Anweisungen. Die Kinder führen die Anweisungen aus, wieder ohne von der Lehrerin ein Modell zu bekommen.

- Für die letzte Phase gibt es mehrere Möglichkeiten:

  Die Lehrkraft gibt so genannte *novel instructions,* das sind für die Kinder neue Anweisungen, die die Lehrkraft aus schon bekannten Anweisungen bildet.

  Die Kinder arbeiten mit dem Buch. Dieses enthält Bilder, die die einzelnen Tätigkeiten illustrieren. Die Kinder hören die Anweisungen noch einmal in vertauschter Reihenfolge und zu jedem Satz eine Zahl. Die Kinder schreiben die entsprechenden Zahlen in die passenden Bilder oder legen die entsprechenden Zahlenkärtchen auf die passenden Bilder. (In der ersten Klasse können die Kinder am Anfang des Unterrichtsjahres, da sie zu diesem Zeitpunkt meist noch

Total-Physical-Response-Aktivitäten

keine Zahlen schreiben können, Würfelpunkte zur Nummerierung der Bilder eintragen.)

Hier ein Beispiel für eine einfache TPR-Sequenz für den Anfangsunterricht:

Jump.
Clap your hands.
Touch your nose.
Touch your ears.
Sit on the floor.

Ein Beispiel für eine *novel instruction* wäre in diesem Fall *Touch the floor.*

CLASSROOM ENGLISH

1. Phase

I'm going to give you some instructions now.	Ich werde euch jetzt ein paar Anweisungen geben.
I'm going to tell you what to do.	Ich werde euch sagen, was ihr tun sollt.
And I'll show you what to do.	Und ich werde euch zeigen, was ihr tun sollt.
So you listen carefully and then you do it.	Ihr hört also gut zu und macht es dann.
OK: You listen, you watch me, and you do what I do.	Okay: Ihr hört zu, ihr schaut mir zu und macht, was ich mache.
Stand up, please.	Steht bitte auf.
Here we go.	Es geht los.
Listen and watch carefully.	Hört zu und schaut aufmerksam zu.
And do what I do.	Und macht, was ich mache.
Jump.	Springt.
Jump everybody.	Alle springen.
(L macht entsprechende Bewegungen.)	
Clap your hands.	Klatscht.
Touch your nose.	Berührt die Nase.
Touch your ears.	Berührt die Ohren.
Sit on the floor.	Setzt euch auf den Boden.
Korrektur:	
No, that's not correct.	Nein, das ist nicht richtig.
Do it like (Bettina).	Macht es wie (Bettina).

Look at (Bettina) everyone.	*Schaut alle zu (Bettina).*
And do it like her.	*Und macht es wie sie.*
That's very good.	*Das ist sehr gut.*
Watch (Bettina).	*Schaut (Bettina) zu.*
She's got it right.	*Sie macht es richtig.*

2. Phase

OK.	*Gut.*
Now listen very carefully.	*Hört jetzt gut zu.*
I'm going to tell you what to do,	*Ich werde euch sagen, was ihr*
but I'm not going to do it myself.	*machen sollt, aber ich werde es selbst nicht machen.*
So you listen and do what I tell you.	*Ihr hört also zu und macht, was ich euch sage.*
OK?	*Okay?*
Let's go.	*Fangen wir an.*

3. Phase

Right.	*Gut./Richtig.*
And now I'm going to say	*Und nun werde ich die Sätze in*
the sentences in jumbled order.	*ungeordneter Reihenfolge sagen.*
The order is not 1 - 2 - 3 - 4 - 5,	*Die Reihenfolge ist nicht*
it's maybe 3 - 5 - 1 - 4 - 2.	*1 - 2 - 3 - 4 - 5, sie ist vielleicht 3 - 5 - 1 - 4 - 2.*
OK?	*Okay?*
Here we go.	*Dann los.*

4. Phase

And now listen carefully.	*Und nun hört gut zu.*
Can you do (Touch the floor)?	*Könnt ihr (Touch the floor) darstellen?*
Do it.	*Macht es.*
(Touch the floor.)	*(Berührt den Boden.)*
Excellent.	*Ausgezeichnet.*
And now let's do ...	*Und jetzt macht ...*
Now open your books at page (eleven), please.	*Schlagt jetzt bitte eure Bücher auf Seite (elf) auf.*

Total-Physical-Response-Aktivitäten

Look at the pictures.	*Schaut die Bilder an.*
You can see pictures of all	*Ihr könnt Bilder von allen Aktivitäten*
the actions we've done.	*sehen, die wir gemacht haben.*
Look at the pictures.	*Schaut die Bilder an.*
Point to them.	*Zeigt darauf.*
(Jump.)	*(Springen.)*
Very good.	*Sehr gut.*
And now point to the picture	*Und jetzt zeigt auf das Bild, auf dem*
that shows you (Clap your hands).	*man (Clap your hands) sieht.*
Yes.	*Ja.*
And now…	*Und jetzt …*
OK?	*Okay?*
Now I'm going to say	*Jetzt werde ich die Anweisungen noch*
the instructions again.	*einmal sagen.*
Now you're going to hear	*Jetzt werdet ihr die Anweisungen von*
the instructions on the CD.	*der CD hören.*
You listen and you point to the pictures.	*Ihr hört zu und zeigt auf die Bilder.*
Right.	*Gut.*
I'm now going to say the sentences	*Jetzt werde ich die Sätze in*
in jumbled order, and you point to	*ungeordneter Reihenfolge sagen,*
the pictures.	*und ihr zeigt auf die Bilder.*
Point to the picture that shows you	*Zeigt auf das Bild, auf dem man*
(Touch your ears).	*(Touch your ears) sieht.*
Very good.	*Sehr gut.*
And now: (Jump.)	*Und jetzt: (Jump.)*
Point to the picture.	*Zeigt auf das Bild.*
And now you're going to hear	*Und jetzt werdet ihr die Sätze noch*
the sentences in jumbled order again.	*einmal in ungeordneter Reihenfolge hören.*
And you'll hear a number with	*Und ihr werdet zu jedem Satz eine*
each sentence.	*Zahl hören.*
For example: You hear	*Zum Beispiel: Ihr hört*
(One. Touch your ears.)	*(One. Touch your ears.)*
And you have to write a one	*Dann müsst ihr eine Eins in das Bild*
in the picture for this sentence.	*für diesen Satz schreiben.*
And you have to put the number	*Dann müsst ihr die Nummer eins auf*
one on the picture for this sentence.	*das Bild für diesen Satz legen.*
Look at the pictures.	*Schaut die Bilder an.*
Where do you write a one?	*Wohin schreibt ihr die Eins?*
Where do you put the number one?	*Wohin legt ihr die Nummer eins?*

Total-Physical-Response-Aktivitäten

Yes.	*Ja.*
Good.	*Gut.*
You write it in this picture.	*Ihr schreibt sie in dieses Bild.*
You put it on this picture.	*Ihr legt sie auf dieses Bild.*
(L zeigt auf Bild im Buch.)	
Now listen very carefully and number the pictures.	*Nun hört sehr gut zu und nummeriert die Bilder.*
Very good.	*Sehr gut.*
Now let's check your results.	*Überprüfen wir jetzt eure Ergebnisse.*
Look.	*Schaut.*
What number is it?	*Welche Nummer hat dieses Bild?*
(L zeigt auf das erste Bild.)	
...	
What number is (Sit on the floor)?	*Welche Nummer hat (Sit on the floor)?*
Very good.	*Sehr gut.*
And what number is (Touch your nose)?	*Und welche Nummer hat (Touch your nose)?*
Can you tell me what number (three) is?	*Könnt ihr mir sagen, was Nummer (drei) ist?*
Number (three), (Claudia), please do number (three).	*Nummer (drei), (Claudia), bitte mache Nummer (drei).*
Thank you, (Claudia).	*Danke, (Claudia).*
That was excellent.	*Das war sehr gut.*

Kreatives Hören:

Listen, children.	*Hört zu, Kinder.*
Listen carefully.	*Hört gut zu.*
I'm going to change the instructions.	*Ich werde die Anweisungen verändern.*
You try and do the new instructions.	*Ihr versucht, die neuen Anweisungen auszuführen.*
Can you do (Touch the floor)?	*Könnt ihr (Touch the floor) machen?*
Do it everyone.	*Macht es alle.*
Excellent.	*Großartig.*
And now let's do (Sit on your chairs).	*Und jetzt macht (Sit on your chairs).*
...	

Geschichten

ZIELE UND BEGRÜNDUNGEN

Geschichten sind im frühen Fremdsprachenunterricht ein unverzichtbares Lernmedium. Sie machen Spaß, fördern das Bemühen der Kinder, die neue Sprache in ganzheitlichen Zusammenhängen zu verstehen, und unterstützen sie dabei, sich die Fremdsprache besser einzuprägen.

Als Vorbereitung auf das Erzählen einer Geschichte empfiehlt es sich, wichtige, bedeutungstragende Wörter vorzuentlasten und die Kinder dadurch auf die Geschichte einzustimmen (siehe dazu den Abschnitt „Wortschatzarbeit").

Dann wird die Geschichte erzählt bzw. vom Video oder einer CD vorgespielt. Die Nachbereitung der Geschichte dient der Lehrkraft zur Überprüfung, ob die Kinder die Geschichte verstanden haben, bzw. hilft den Kindern, ihr Verständnis der Geschichte zu überprüfen.

CLASSROOM ENGLISH

Vorbereitung einer Geschichte

OK.
I'm going to tell you a story now.

Also.
Ich werde euch jetzt eine Geschichte erzählen.

We're going to watch a story on video now.

Wir werden uns jetzt eine Geschichte auf Video anschauen.

First of all, let me introduce some new words.

Lasst mich zuerst ein paar neue Wörter einführen.

Beispiele für die Nachbereitung einer Geschichte

■ **Die Kinder hören/sehen die Geschichte noch einmal:**

Listen, children.
I'm going to tell you the story again.

Hört zu, Kinder.
Ich werde euch die Geschichte noch einmal erzählen.

Geschichten

Let's watch the video again.	*Schauen wir uns das Video noch einmal an.*
Now I'm going to play the story on the CD.	*Jetzt werde ich die Geschichte von der CD vorspielen.*
Listen to the story and remember some words or a sentence.	*Hört zu und merkt euch ein paar Wörter oder einen Satz.*
Watch the video carefully and remember some words or a sentence.	*Schaut euch das Video aufmerksam an und merkt euch ein paar Wörter oder einen Satz.*
What words can you remember?	*Welche Wörter habt ihr euch gemerkt?*
Tell me the words.	*Sagt mir die Wörter.*
What sentences can you remember?	*Welche Sätze habt ihr euch gemerkt?*
Tell me the sentences.	*Sagt mir die Sätze.*

■ **Die Kinder stellen sich die Geschichte mit geschlossenen Augen vor:**

Listen to the story again.	*Hört euch die Geschichte noch einmal an.*
While you're listening to the story, imagine that you can see it with your eyes closed.	*Während ihr die Geschichte hört, stellt euch vor, dass ihr sie mit geschlossenen Augen sehen könnt.*
Imagine that you can see it on a TV screen with your eyes closed.	*Stellt euch vor, dass ihr sie mit geschlossenen Augen auf einem Fernsehbildschirm sehen könnt.*
OK.	*Gut.*
Close your eyes everybody.	*Macht alle die Augen zu.*
Imagine that you can see (a boy and a girl).	*Stellt euch vor, dass ihr (einen Jungen und ein Mädchen) seht.*
(They are on a beach) ...	*(Sie sind auf einem Strand) ...*

■ **Die Kinder hören die Geschichte noch einmal und machen beim Erzählen aktiv mit:**

Right, children, listen to the story again.	*Also, Kinder, hört euch die Geschichte noch einmal an.*
I'm going to tell you the story, and you do the story with me.	*Ich werde euch die Geschichte erzählen, und ihr stellt mit mir die Geschichte dar.*
OK?	*Okay?*
Here we go.	*Es geht los.*
(It's midnight.)	*(Es ist Mitternacht.)*
(Steve is fast asleep.)	*(Steve schläft fest.)*
(L stellt dies mimisch dar.)	

Geschichten

Yes, do it with me:
(Steve is fast asleep.)
(Suddenly he wakes up.)
...

Ja, macht es mit mir:
(Steve schläft fest.)
(Plötzlich wacht er auf.)

■ **Verständnisüberprüfung durch "true or false":**

L: Right.
    Listen everybody.
    I'm going to say some
    sentences now.
    Sentences.
    ("Tom likes ice cream")
    is a sentence.
    What's "sentence" in German?
S 1: Satz.
L: Good.
    And my sentences can be true
    or false.
    If a sentence is true, you don't
    do anything.
    (L macht Gestik.)
    If it's OK, you just sit still.

    But if a sentence is false,
    you stand up.
    (S 3 steht auf.)
    L (lacht): Oh, no!
    Not now.
    You only stand up if
    a sentence is ...
    (L wartet etwas.)
S 2: ... false.
L: Excellent.
    Now let's start.
    (It's midnight.)
    (Steve is hungry.)
    (Ss stehen auf.)
    Good.
    What's wrong?
S 1: (Hungry.)
L: Very good.
    Can you correct my sentence
    ("Steve is hungry")?
S 1: (Steve is asleep.)

Also.
Hört alle zu.
Ich werde jetzt Sätze sagen.

Sätze.
(„Tom mag Eis") ist ein Satz.

Was heißt "sentence" auf Deutsch?

Gut.
Und meine Sätze können richtig oder
falsch sein.
Wenn ein Satz richtig ist,
macht ihr nichts.

Wenn er richtig ist, bleibt ihr einfach
ruhig sitzen.

Wenn aber ein Satz falsch ist,
steht ihr auf.

Nein.
Nicht jetzt.
Ihr steht nur dann auf,
wenn ein Satz ...

... falsch ist.
Hervorragend.
Fangen wir jetzt an.
(Es ist Mitternacht.)
(Steve hat Hunger.)

Gut.
Was ist falsch?
(Hat Hunger.)
Sehr gut.
Kannst du meinen Satz
(„Steve hat Hunger") korrigieren?
(Steve schläft.)

L:	Brilliant. (He's fast asleep.) …		*Ausgezeichnet.* *(Er schläft fest.)*

■ Verständnisüberprüfung mit Hilfe von Lückensätzen:

L:	OK. Let's do the story again.	*Gut.* *Machen wir die Geschichte noch einmal.*
	(It's midnight.) (Steve is) …	*(Es ist Mitternacht.)* *(Steve) …*
Ss:	… (asleep).	*… (schläft).*
L:	That's right. (He's fast asleep.) (Suddenly he) …	*Das ist richtig.* *(Er schläft fest.)* *(Plötzlich) …*
Ss:	… (wake up).	*… (wacht er auf).*
L:	Right. (He wakes up.) (And Steve is very) … _(L mimt scared.)	*Richtig.* *(Er wacht auf.)* *(Und Steve hat) …*
Ss:	… (scared).	*… (große Angst).*
L:	Excellent. …	*Hervorragend.*

Hörverstehensübungen (task listening)

ZIELE UND BEGRÜNDUNGEN

Damit die Kinder später Englisch im Alltag verstehen können, ist es notwendig, ihr Hörverstehen von Anfang an systematisch zu trainieren. Im Unterricht geschieht dies einerseits durch die regelmäßige Verwendung der englischen Sprache durch die Lehrkraft selbst, andererseits durch den häufigen Einsatz von Medien, mit deren Hilfe sich die Kinder an die Aussprache und Intonation von *native speakers* gewöhnen können. Die kontinuierliche Entwicklung des Hörverstehens bildet darüber hinaus die Grundlage für die Entwicklung des Sprechens der Kinder. Besonders in frühen Phasen lernen die Kinder Aussprache und Intonation vorwiegend durch Imitation. Deshalb ist die gehörte Sprache ein wichtiges Modell für die Sprache der Kinder.

Mit Ausnahme von guten Geschichten, die die Kinder üblicherweise so stark zum Zuhören animieren, dass es keiner zusätzlichen Fokussierung bedarf, sollten Hörverstehensübungen immer in Verbindung mit einer konkreten Aufgabenstellung *(listening task)* durchgeführt werden. Dabei lernen die Kinder, sich auf wichtige Informationen in einem Hörtext zu konzentrieren. Sie erhalten unmittelbar eine positive Rückmeldung auf ihre Leistungen, wenn sie die gestellte Aufgabe erfolgreich gelöst haben. Außerdem sind *task*-orientierte Übungen zeitökonomischer als solche, bei denen die Kinder bloß den Auftrag erhalten, gut zuzuhören, wenn ein Hörtext vorgespielt wird.

Im Folgenden finden Sie Beispiele für *listening tasks*, die sich im Unterricht gut bewährt haben, und jeweils konkrete Möglichkeiten der Auswertung durch die Lehrkraft.

CLASSROOM ENGLISH

Die Kinder hören zu und malen an (Listen and colour)

■ **Anweisungen:**

Look at page (eight) in your books.

Look at your worksheets.
You can see the (school things) there.

*Schaut Seite (acht) im Buch an.
Schaut eure Arbeitsblätter an.
Ihr könnt dort die (Schulsachen) sehen.*

Hörverstehensübungen

Can you quickly tell me the English words for them?	Könnt ihr mir schnell die englischen Wörter dafür sagen?
Very good. And now you're going to listen to the CD. You listen and find out what colour the different (school things) are.	Sehr gut. Und jetzt werdet ihr euch die CD anhören. Hört zu und findet heraus, welche Farbe die verschiedenen (Schulsachen) haben.
So you need to have your crayons ready. OK, put them on your desks in front of you. You'll need the following colours: green, blue, red, pink, orange and brown. Take them out. Now show me (red). And ...	Ihr müsst also eure Farbstifte bereithalten. Gut, legt sie vor euch auf den Tisch. Ihr werdet die folgenden Farben brauchen: grün, blau, rot, rosa, orange und braun. Nehmt sie heraus. Zeigt mir jetzt (rot). Und ...
Right. One more thing. (L zeichnet eine Federmappe/Federschachtel an die Tafel.) When you hear, for example, "Colour the (pencil case) (green)," you only mark the (pencil case) with a bit of (green), like this.	Gut. Noch etwas. Wenn ihr zum Beispiel hört: „Malt (die Federmappe/Federschachtel) (grün) an", dann markiert ihr (die Federmappe/Federschachtel) nur mit einem (grünen) Strich, so.
(L markiert die Federmappe/Federschachtel an der Tafel grün.) And then you listen for the next thing. OK? Don't colour the things completely. (L macht entsprechende Handbewegung.) We can do that later.	Und dann hört ihr auf die nächste Anweisung. Okay? Malt die Dinge nicht ganz an. Das können wir später machen.

■ **Auswertung:**

Right. Now tell me what colour the things are. What colour's the (pen), (Thomas)?	Gut. Sagt mir jetzt, welche Farbe die Dinge haben. Welche Farbe hat (der Stift), (Thomas)?
Yes, the (pen) is (green).	Ja, (der Stift) ist (grün).

Hörverstehensübungen

Excellent.	*Hervorragend.*
And what about the (scissors)?	*Und was ist mit (der Schere)?*
What colour are they, (Nora)?	*Welche Farbe hat sie, (Nora)?*
...	

Die Kinder hören zu und ergänzen ein Bild (Listen and draw)

■ **Anweisungen:**

Look at the pictures on page (eighteen).	*Schaut die Bilder auf Seite (achtzehn) an.*
Look at the pictures on your worksheets.	*Schaut die Bilder auf dem Arbeitsblatt an.*
There are (four children in a fast-food shop).	*Da sind (vier Kinder in einem Fastfood-Restaurant).*
Can you tell me (their names)?	*Könnt ihr mir sagen, (wie sie heißen)?*
Read them out to me.	*Lest die Namen vor.*
That's correct.	*Das ist richtig.*
Now we're going to listen to the CD.	*Jetzt werden wir uns die CD anhören.*
First you listen to the CD and find out (what they are eating).	*Zuerst hört euch die CD an und findet heraus, (was sie essen).*
And then you draw (what they're having on their plates).	*Und dann zeichnet (das, was sie essen, auf ihre Teller.)*
OK?	*Okay?*

■ **Auswertungsmöglichkeiten:**

OK.	*Gut.*
Who can tell me what (Monika) (is having)?/Who can tell me what (Monika) (is eating)?	*Wer kann mir sagen, was (Monika) (isst)?*
Yes, that's right, (Barbara). (She's having a hamburger.)/(She's eating a hamburger.)	*Richtig, (Barbara). (Sie isst einen Hamburger.)*
What is (she having with her hamburger), (Georg)?	*Was (trinkt sie zu ihrem Hamburger), (Georg)?*
Very good.	*Sehr gut.*
(A glass of orange juice.)	*(Ein Glas Orangensaft.)*
And what about (Ken)?	*Und was ist mit (Ken)?*
...	

Hörverstehensübungen

Now swap places with someone in the classroom. Listen to the CD again and check your partner's work.	*Tauscht jetzt mit jemandem in der Klasse Platz.* *Hört euch die CD noch einmal an und überprüft die Arbeit eures Partners.*

Die Kinder hören zu und bringen Bilder in die richtige Reihenfolge *(Listen and put the pictures in the correct order)*

■ Anweisungen:

Look at page (twenty). Look at the pictures on your worksheets. Listen to the story and find out which picture is number one, which picture is number two, which is number three and so on. You listen and number the pictures: one, two, three, and so on.	*Schaut Seite (zwanzig) an.* *Schaut die Bilder auf dem Arbeitsblatt an.* *Hört euch die Geschichte an und findet heraus, welches Bild Nummer eins ist, welches Bild Nummer zwei, welches Nummer drei und so weiter.* *Hört zu und nummeriert die Bilder: eins, zwei, drei und so weiter.*

■ Auswertungsmöglichkeiten:

(Zur Auswertung hat L sechs leere Bilderrahmen in derselben Anordnung wie die der Bilder im Buch/auf den Arbeitsblättern der Kinder an die Tafel gezeichnet.)

OK. Look at these picture frames here on the board. And look at the pictures in your books. And look at the pictures on your worksheets. One, two, three, four, five, six pictures. Six pictures here on the board, and six pictures in your books. Six pictures here on the board, and six pictures on your worksheets. Who can show me which picture is number one?	*Gut.* *Schaut auf die Bilderrahmen hier an der Tafel.* *Und schaut auf die Bilder in eurem Buch.* *Und schaut auf die Bilder auf eurem Arbeitsblatt.* *Eins, zwei, drei, vier, fünf, sechs Bilder.* *Sechs Bilder hier an der Tafel, und sechs Bilder im Buch.* *Sechs Bilder hier an der Tafel, und sechs Bilder auf eurem Arbeitsblatt.* *Wer kann mir zeigen, welches Bild die Nummer eins ist?*

Hörverstehensübungen

OK, (Verena).	Gut, (Verena).
Come to the front and point to the picture.	Komm heraus und zeig auf das Bild.
Is that right, children?	Ist das richtig, Kinder?
Do you agree?	Seid ihr einverstanden?
...	

(Alternative Auswertung:
L zeigt der Reihe nach auf die Bilder.)

OK.	Gut.
What number is this picture?	Welche Nummer hat dieses Bild?
Very good, (Kevin).	Sehr gut, (Kevin).
Yes, it's number (three).	Ja, das ist Nummer (drei).
What about the next one?	Was ist mit dem nächsten Bild?
...	

Die Kinder hören zu und setzen Informationen ein (Listen and fill in)

■ **Anweisungen:**

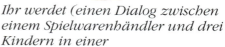

Listen to the CD.	Hört euch die CD an.
You'll be listening to (a dialogue between a shopkeeper in a toy shop and three children).	Ihr werdet (einen Dialog zwischen einem Spielwarenhändler und drei Kindern in einer Spielwarenhandlung) hören.
You need to listen carefully and find out (the prices of the different toys).	Ihr müsst genau zuhören und herausfinden, (was die verschiedenen Spielsachen kosten).
(How much is the computer game), for example?	(Was kostet) zum Beispiel (das Computerspiel)?
Or (how much is the teddy bear)?	Oder (was kostet der Teddybär)?
OK.	Gut.
Listen to (the prices) and fill them in (on the price tags) in the book.	Hört auf (die Preise) und schreibt sie (auf die Preisschilder) im Buch.
Listen to (the prices) and fill them in (on the price tags) on your worksheets.	Hört auf (die Preise) und schreibt sie (auf die Preisschilder) auf eurem Arbeitsblatt.
OK?	Okay?
Look.	Schaut her.
(Each toy has got a price tag.)	(Jedes Spielzeug hat ein Preisschild.)
(A little piece of paper.)	(Ein kleines Stück Papier.)

Hörverstehensübungen

Now you take a pencil, you listen
and you fill in
(the price of each toy).

*Nehmt jetzt einen Bleistift,
hört zu und tragt
(den Preis jedes Spielzeugs) ein.*

■ Auswertung:

Right.
(How much is the toy train)?
You say (it's fifty pounds), (Marion).
Does everybody agree?
(Fifty pounds)?
Is that correct?
Let's hear what the others have.

What about you, (Rene)?
You say (forty pounds).
And what do you think, (Alex)?
Yes, that's right.
It's (forty pounds).
And what about the (doll)?
(How much is that)?
...

*Also.
(Wie viel kostet der Spielzeugzug)?
(Marion), du sagst (fünfzig Pfund).
Seid ihr alle damit einverstanden?
(Fünfzig Pfund)?
Ist das richtig?
Hören wir uns an, was die anderen
haben.*

*Was hast du, (Rene)?
Du sagst (vierzig Pfund).
Und was meinst du, (Alex)?
Ja, das stimmt.
Er kostet (vierzig Pfund).
Und was kostet (die Puppe)?
(Wie viel kostet die)?*

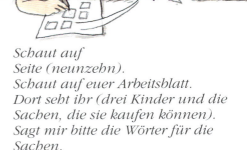

Die Kinder hören zu und haken ab (Listen and tick)

■ Anweisungen:

Look at page (nineteen).

Look at your worksheets.
There you can see (three children
and the things they can buy).
Tell me the words for the things,
please.
OK.
Now you're going to hear
(three dialogues) on the CD.
In (dialogue one), you'll hear
(the shopkeeper and a boy
called Ron).

*Schaut auf
Seite (neunzehn).
Schaut auf euer Arbeitsblatt.
Dort seht ihr (drei Kinder und die
Sachen, die sie kaufen können).
Sagt mir bitte die Wörter für die
Sachen.
Gut.
Ihr werdet jetzt (drei Dialoge) von der
CD hören.
Im (ersten Dialog) werdet ihr
(den Spielwarenhändler und einen
Jungen namens Ron) hören.*

Hörverstehensübungen

(He wants to buy something.)
Listen and tick (what he wants
to buy).
In (dialogue two) you're going to
hear (a girl, Sandra).
...

(Er will etwas kaufen.)
Hört zu und hakt ab,
(was er kaufen will).
Im (zweiten Dialog) werdet ihr
(ein Mädchen, Sandra) hören.

■ **Auswertungsmöglichkeiten:**

OK.
So tell me:
(What does Ron want to buy)?
And what about (Sandra)?
(What does she want to buy)?
...

Gut.
Also sagt mir:
(Was will Ron kaufen)?
Und was ist mit (Sandra)?
(Was will sie kaufen)?

Now let's listen to (the dialogues) again and check.

Hören wir uns jetzt (die Dialoge) noch einmal an und überprüfen wir das.

OK.
Now you are all (Ron).
And I'm (the shopkeeper).

Gut.
Ihr seid nun alle (Ron).
Und ich bin
(der Spielwarenhändler).

Let's do (the dialogue).
(Good morning).
...

Spielen wir (den Dialog).
(Guten Morgen).

Lieder, Chants und Reime

CLASSROOM ENGLISH

Lieder

- **Ankündigen, dass ein Lied angehört wird:**

We're going to listen to a song now.	*Wir werden uns jetzt ein Lied anhören.*
Well, let's listen to the song on the CD.	*Also, hören wir uns das Lied von der CD an.*

- **Aktivitäten während des Anhörens eines Liedes:**

OK. Let's listen to the song again.	*Okay. Hören wir uns das Lied noch einmal an.*
Do the actions with me.	*Macht die Bewegungen mit mir.*
Now listen to the song and point to the pictures in your books.	*Hört das Lied an und zeigt auf die Bilder im Buch.*
Look at the lyrics and listen to the song.	*Schaut auf den Text und hört das Lied an.*

- **Arbeit am Text:**

Now let's learn the lyrics of the song./Now let's learn the words of the song.	*Lernen wir jetzt den Liedtext.*
Let's learn the lyrics of the first verse first.	*Lernen wir zuerst den Text der ersten Strophe.*
Let's learn the chorus first.	*Lernen wir zuerst den Refrain.*
OK.	*Okay.*
I'm going to speak the words line by line now.	*Ich werde jetzt den Text Zeile für Zeile vorsprechen.*
Listen carefully and repeat after me.	*Hört gut zu und sprecht mir nach.*
Listen carefully, look at the lyrics in your books and repeat after me.	*Hört gut zu, schaut den Text im Buch an und sprecht mir nach.*
Now let's speak the text again.	*Sprechen wir jetzt den Text noch einmal.*
Speak it with me.	*Sprecht ihn mit mir.*

Lieder, Chants und Reime

Let's all speak it together.	*Sprechen wir ihn alle gemeinsam.*
OK.	*Gut.*
And now let's clap our hands to the rhythm of the song and speak the lyrics.	*Und jetzt klatschen wir im Rhythmus des Liedes und sprechen den Text.*
Good.	*Gut.*
Snap your fingers rhythmically now and speak the text.	*Schnippt jetzt im Rhythmus mit den Fingern und sprecht den Text.*
I'm going to sing the song now.	*Ich werde jetzt das Lied singen.*
Hum after me.	*Summt mir nach.*
Then sing after me.	*Dann singt mir nach.*

■ Mit der CD mitsingen:

Now we're going to listen to the CD again.	*Wir werden uns jetzt noch einmal die CD anhören.*
Please join in and sing along.	*Singt bitte mit.*
Now join in and do the actions.	*Macht jetzt die Bewegungen mit.*
Let's sing along with the playback version of the song now.	*Singen wir jetzt zur Playbackversion des Liedes.*
Be careful.	*Passt auf.*
We're a bit out of tune.	*Wir singen nicht ganz richtig.*
Sing a bit higher.	*Singt ein bisschen höher.*
Sing a bit lower.	*Singt ein bisschen tiefer.*
Like this.	*So.*
Listen.	*Hört zu.*
…	

Chants und Reime

■ Ankündigen eines Chant/Reims:

I've got a chant for you.	*Ich habe einen Chant für euch.*
I've got a rhyme for you.	*Ich habe einen Reim für euch.*
OK?	*Okay?*
Let's listen to the chant on the CD.	*Hören wir uns den Chant von der CD an.*

Lieder, Chants und Reime

Let's listen to the rhyme on the CD.	Hören wir uns den Reim von der CD an.

■ Erarbeitung des Textes:

Now listen to the chant again and point to the pictures.	Hört euch jetzt den Chant noch einmal an und zeigt auf die Bilder.
OK.	Gut.
I'm going to speak the words line by line now.	Jetzt werde ich den Text Zeile für Zeile sprechen.
Listen carefully and repeat after me.	Hört gut zu und sprecht mir nach.
Listen carefully, look at the lines in your books, and repeat after me.	Hört gut zu, schaut auf den Text im Buch und sprecht mir nach.
Now speak the text with me.	Sprecht jetzt den Text mit mir.
And now say the chant everyone.	Und jetzt sprecht alle den Chant.
And now say the rhyme everyone.	Und jetzt sprecht alle den Reim.
Who wants to come to the front and say the rhyme?	Wer will herauskommen und den Reim sprechen?
Excellent, (Gabi).	Großartig, (Gabi).
Let's give (her) a big hand.	Applaus für (sie).

■ In Gruppen einen Chant ausführen:

Let's do the chant in two groups now.	Führen wir den Chant jetzt in zwei Gruppen aus.
The girls begin.	Die Mädchen beginnen.
They (ask the questions).	Sie (stellen die Fragen).
The boys (answer the questions).	Die Jungen (beantworten die Fragen).
Then the boys (ask the questions) and the girls (answer).	Dann (stellen) die Jungen (die Fragen), und die Mädchen (antworten).
And finally, we do (the last verse) all together.	Und zuletzt machen wir (die letzte Strophe) alle zusammen.
All the children over here on my left do (the first verse).	Alle Kinder hier links von mir sagen (die erste Strophe).
The group on my right, you do (the second verse).	Die Gruppe rechts von mir, ihr sagt (die zweite Strophe).

Lesen und Schreiben

ZIELE UND BEGRÜNDUNGEN

Die Fertigkeiten des Lesens und Schreibens nehmen im Englischunterricht in der Grundschule kaum eine eigenständige kommunikative Funktion ein. Das heißt, dass nicht erwartet wird, dass die Kinder selbstständig längere Texte rezipieren oder produzieren können. Der Grund dafür ist, dass dem Schriftbild in den Lehrplänen üblicherweise bloß eine lernunterstützende Funktion im Sinne einer Merkhilfe eingeräumt wird. In jedem Fall ist zu beachten, dass die Kinder ein Wort, einen Satz oder ein Textstück ausreichend oft gehört haben sollen, um Interferenzen zwischen Aussprache und Schriftbild zu vermeiden, bevor das Schriftbild präsentiert wird (siehe auch die diesbezüglichen Ausführungen im Abschnitt „Wortschatzarbeit"). Wenn dieser Grundsatz beachtet wird, kann man allerdings damit rechnen, dass sich die Kinder Wörter, Sätze, Liedtexte, Reime usw. mit Hilfe des Schriftbildes tatsächlich bedeutend besser einprägen als bei einer bloß auditiven Erarbeitung. Dem kommt vor allem in der dritten und vierten Klasse Bedeutung zu.

Die Übungsformen im Bereich Lesen beschränken sich aus den genannten Gründen auf das Nachlesen vorgelesener Wörter, Sätze und kurzer Texte bzw. das Zuordnen und Einkleben von Wörtern und Sätzen in Wortschatzübungen bzw. in Bildgeschichten. Auch hier gilt, dass die Kinder die jeweiligen Wörter und Sätze genügend oft gehört haben müssen. Im Bereich Schreiben geht es vor allem um das Nachziehen und Abschreiben wichtiger Wörter. Das Schreiben einfacher Sätze ist der zweiten Hälfte der vierten Klasse vorbehalten.

CLASSROOM ENGLISH

Lesen

■ **Aufgabenstellungen:**

Now listen and read the word after me.	*Hört jetzt zu und lest dann das Wort.*
Now listen and read the sentence after me.	*Hört jetzt zu und lest dann den Satz.*

Lesen und Schreiben

Show me the sentence which goes ("The mouse is sad.")	Zeigt mir den Satz, der ("The mouse is sad") lautet.
Point to the sentence which goes ("The mouse is sad.")	Zeigt auf den Satz, der ("The mouse is sad") lautet.
Who can read this word out to me?	Wer kann mir dieses Wort vorlesen?
Who can read these words out to me?	Wer kann mir diese Wörter vorlesen?
Who can read this sentence out to me?	Wer kann mir diesen Satz vorlesen?
Who can read these sentences out to me?	Wer kann mir diese Sätze vorlesen?
Which of the words on the board goes with this picture?	Welches der Wörter an der Tafel passt zu diesem Bild?
Find the word that goes with this picture.	Sucht das Wort, das zu diesem Bild passt.
Which of the sentences on the board goes with this picture?	Welcher von den Sätzen an der Tafel passt zu diesem Bild?
Find the sentence that goes with this picture.	Sucht den Satz, der zu diesem Bild passt.

■ Wörter oder Textstellen zuordnen und einkleben:

Now take out the words from page (forty-three).	Nehmt jetzt die Wörter auf Seite (dreiundvierzig) heraus.
Now take out the sentences from page (forty-three).	Nehmt jetzt die Sätze auf Seite (dreiundvierzig) heraus.
Now take out the pieces of text from page (forty-three).	Nehmt jetzt die Textstellen auf Seite (dreiundvierzig) heraus.
Now cut out the words.	Jetzt schneidet die Wörter aus.
Now cut out the sentences.	Jetzt schneidet die Sätze aus.
Now cut out the pieces of text.	Jetzt schneidet die Textstellen aus.
Put them on your desks.	Legt sie auf den Tisch.
Can you point to (plum)?	Könnt ihr auf (plum) zeigen?
Can you point to the sentence (The mouse is sad)?	Könnt ihr auf den Satz (The mouse is sad) zeigen?
Can you hold up (plum)?	Könnt ihr (plum) in die Höhe halten?
Can you hold up the sentence (The mouse is sad)?	Könnt ihr den Satz (The mouse is sad) in die Höhe halten?

Lesen und Schreiben

Listen to the CD and look at the pictures.	*Hört auf die CD und schaut die Bilder an.*
Match the words with the pictures.	*Ordnet die Wörter den Bildern zu.*
Match the sentences with the pictures.	*Ordnet die Sätze den Bildern zu.*
Put them where they belong.	*Legt sie dort auf, wo sie hingehören.*
Very good.	*Sehr gut.*
And now stick them in.	*Und jetzt klebt sie ein.*

Schreiben

■ **Nachziehen:**

Now trace the words in your books.	*Zieht jetzt die Wörter im Buch nach.*
Write on the dotted lines.	*Schreibt auf den punktierten Linien.*
Write on the grey lines.	*Schreibt auf den grauen Linien.*

■ **Abschreiben:**

Now copy the words from the board.	*Schreibt jetzt die Wörter von der Tafel ab.*
Now copy the word groups from the board.	*Schreibt jetzt die Wortgruppen von der Tafel ab.*
Now copy the sentence from the board.	*Schreibt jetzt den Satz von der Tafel ab.*
Now copy the sentences from the board.	*Schreibt jetzt die Sätze von der Tafel ab.*
Now fill in the missing words.	*Tragt jetzt die fehlenden Wörter ein.*
Now fill in the word groups.	*Tragt jetzt die Wortgruppen ein.*
Now fill in the sentences.	*Tragt jetzt die Sätze ein.*

Spiele

CLASSROOM ENGLISH

Brettspiele

Throw the dice./Roll the dice.	Würfle.
You have to move forward (three)./You have to go forward (three).	Du musst (drei) Felder vorrücken.
You have to move back (three)./You have to go back (three).	Du musst (drei) Felder zurückgehen.
You have to miss a turn. Miss a turn.	Du musst einmal aussetzen. Setze einmal aus.
Who wants to start?/Who wants to begin?	Wer will anfangen?
Who's first?	Wer fängt an?
It's your turn.	Du bist an der Reihe.
You're going in the wrong direction.	Das ist die falsche Richtung.
Don't cheat.	Nicht schummeln.

Kartenspiele

Please shuffle the cards.	Bitte mischt die Karten.
Please deal the cards out. Who's the dealer?	Bitte teilt die Karten aus. Wer teilt aus?
You first have to take a card. Do the cards match? They don't match. Turn the cards face down.	Du musst zuerst eine Karte ziehen. Passen die Karten zusammen? Sie passen nicht zusammen. Dreh die Karten um.
Lay down the pairs. They match!	Lege die Paare auf. Sie passen zusammen!

Spiele

You've got a pair.
Keep the pair.
Each pair is one point.
You have another go.

Count your pairs.
How many pairs have you got?

Who has got the most pairs?
(Laura) has got the most pairs.
(Laura) is the winner.
Can you read all your pairs?

Play it again.
This time, (Oliver) goes first.

Du hast ein Paar.
Behalte das Paar.
Jedes Paar zählt einen Punkt.
Du kommst noch einmal dran.

Zähle deine Paare.
Wie viele Paare hast du?

Wer hat die meisten Paare?
(Laura) hat die meisten Paare.
(Laura) hat gewonnen.
Kannst du alle deine Paare lesen?

Spielt es noch einmal.
Dieses Mal fängt (Oliver) an.

Teil 2

Ausdrücke und Phrasen für die zeitliche, soziale und mediale Organisation des Unterrichts

Phasen einer Unterrichtssequenz

CLASSROOM ENGLISH

Beginn der Unterrichtssequenz

■ **Begrüßen:**

Good morning, everyone./Good morning, everybody.
Good morning, girls and boys.

Guten Morgen.

Guten Morgen, Kinder.

■ **Nach dem Befinden fragen:**

How are you today?
Are you all OK?

Wie geht es euch heute?
Geht es euch allen gut?

■ **Feststellen, wer fehlt:**

Let's see if everyone is here.
Who's missing today?
Let me check who's absent.
Let's see.
I think (Lukas) is.
No, he's coming.
(Lukas) is late today.

Sehen wir nach, ob alle da sind.
Wer fehlt heute?
Ich kontrolliere jetzt, wer nicht da ist.
Schauen wir mal.
Ich glaube, (Lukas) ist nicht da.
Nein, da kommt er schon.
(Lukas) kommt heute zu spät.

Phasen einer Unterrichtssequenz

Arbeitsaufträge

■ **Grundlegende Anweisungen:**

Stand up, please.	*Steht bitte auf.*
Sit down, please.	*Setzt euch bitte.*
Turn around.	*Dreht euch um.*
Put your hands on your desks.	*Legt eure Hände auf den Tisch.*
Hang up your schoolbags.	*Hängt eure Schultaschen auf.*
Look.	*Schaut her.*
Look at the board.	*Schaut auf die Tafel.*
Look at me./Eyes on me.	*Schaut mich an.*
Listen to me.	*Hört mir zu.*
Listen and repeat the word.	*Hört zu und wiederholt das Wort.*
Listen and repeat the sentence.	*Hört zu und wiederholt den Satz.*
Repeat after me./Say it after me.	*Sprecht mir nach.*
Say it with me.	*Sprecht mit mir.*
Let's all say it together.	*Sagen wir es alle gemeinsam.*
Listen to the song.	*Hört euch das Lied an.*
Listen to the CD.	*Hört euch die CD an.*
Watch the video.	*Schaut euch das Video an.*
(Sonja) is speaking.	*(Sonja) spricht jetzt.*
Please listen to (her).	*Hört (ihr) bitte zu.*

■ **Was wird heute gebraucht?**

Let's start work now.	*Beginnen wir jetzt mit der Arbeit.*
You want your (English books) and your (pencil cases).	*Ihr braucht (das Englischbuch) und (die Federmappe/Federschachtel).*

Phasen einer Unterrichtssequenz

Take out your (English books) and your (pencil cases).
Put the things on your desks.
You'll need your (English books) and (pencil cases).

Put all your other things away./Put everything else away.
Put them in your desks.
Put them in your schoolbags.
You won't be needing anything else.

*Nehmt (das Englischbuch) und die (Federmappe/Federschachtel) heraus.
Legt die Sachen auf euren Tisch.
Ihr werdet (das Englischbuch) und (die Federmappe/Federschachtel) brauchen.*

Räumt alle anderen Sachen weg.

*Gebt sie in eure Fächer.
Gebt sie in eure Schultasche.
Ihr braucht jetzt nichts anderes.*

■ Arbeitsblätter austeilen:

I've got some worksheets for you.

Can someone help me to hand them out?
Who would like to hand them out?
Give one worksheet to each child.
Give one worksheet to each pair.
Give one worksheet to each group.

Here are the worksheets.
Take one and pass the rest along.

*Ich habe einige Arbeitsblätter für euch.
Kann mir jemand beim Austeilen helfen?
Wer möchte sie austeilen?
Gib jedem Kind ein Arbeitsblatt.
Gib jedem Paar ein Arbeitsblatt.
Gib jeder Gruppe ein Arbeitsblatt.*

*Hier sind die Arbeitsblätter.
Nehmt eines und gebt den Rest weiter.*

■ Einen Zeitrahmen festlegen:

Hurry up.
Don't waste time.
You've got (five) minutes for that.

Quick.
There're only (five) minutes left.

*Beeilt euch.
Nicht trödeln.
Ihr habt (fünf) Minuten Zeit dafür.*

*Schnell.
Ihr habt nur mehr (fünf) Minuten Zeit.*

■ Wenn die Arbeitsblätter fertig gestellt sind:

Now put your worksheets in your folder.
Use the hole-punch.
It's (on my desk).

*Gebt jetzt die Arbeitsblätter in eure Ordner.
Nehmt dafür den Locher.
Er liegt (auf meinem Tisch).*

Use the stapler and fix the sheets of paper together./Use the stapler and fasten the sheets of paper together. Like this. Look. (L zeigt, wie es zu machen ist.)	*Nehmt die Heftmaschine und heftet die Blätter zusammen.* *So.* *Schaut.*
Who can collect the worksheets for me now?	*Wer sammelt jetzt die Arbeitsblätter für mich ein?*

■ **Zur Mitarbeit auffordern:**

Can you do that, (Susi)?	*Kannst du das machen, (Susi)?*
Yes, (Dieter)?	*Ja, (Dieter)?*
Wait a moment, (Heinz). Let someone else have a turn. How about you, (Tina)?	*Warte einen Augenblick, (Heinz).* *Jetzt ist jemand anderer an der Reihe.* *Wie wäre es mit dir, (Tina)?*
Thank you, (Georg). Please go on, (Christine).	*Danke, (Georg).* *Mach bitte weiter, (Christine).*
Not you again, (Lisa). You've said a lot today.	*Nicht schon wieder du, (Lisa).* *Du hast heute schon eine Menge gesagt.*
Someone else, please.	*Jemand anderer, bitte.*
Can you ask someone else, (Anja)?	*Kannst du jemand anderen fragen, (Anja)?*
OK, now. Everybody answer my question. This half, answer my question.	*Also jetzt.* *Beantwortet alle meine Frage.* *Diese Hälfte hier, beantwortet meine Frage.*
That half, answer my question.	*Diese Hälfte dort, beantwortet meine Frage.*
Just one of you, answer my question.	*Nur einer von euch beantwortet meine Frage.*

Phasen einer Unterrichtssequenz

Fragen, ob alles klar ist

OK?	*Okay?*
Everything all right?	*Alles in Ordnung?*
Has anybody got a problem?	*Hat jemand ein Problem?*
What's the problem, (Michael)?	*Was ist das Problem, (Michael)?*

Beruhigen/trösten, wenn ein Fehler gemacht wurde

That's OK, don't worry.	*Das ist okay, mach dir keine Sorgen.*
That's not a big problem.	*Das ist nicht schlimm.*
It doesn't matter./Doesn't matter.	*Macht nichts.*

Nach der Pause

Break's over.	*Die Pause ist aus.*
Let's start.	*Fangen wir an.*
Go back to your seats./Go back to your places.	*Geht auf eure Plätze zurück.*
Please sit down and be quiet.	*Bitte setzt euch und seid still.*

Ende der Unterrichtssequenz

OK. Let's have a break now. Right, let's stop here.	*Okay.* *Machen wir jetzt eine Pause.* *Also hören wir hier auf.*
(Gerald), can you collect the (books), please?	*(Gerald), kannst du bitte (die Bücher) einsammeln?*
That's it for today. Pack up your things. Make sure you don't forget anything.	*Das ist alles für heute.* *Packt eure Sachen zusammen.* *Vergewissert euch, dass ihr nichts vergessen habt.*
Let's clean the board, tidy up the room, put the desks straight, put the chairs on the desks, water the plants, take out the drinks crate and tidy up the wardrobe before we leave.	*Löschen wir die Tafel, räumen wir das Klassenzimmer auf, rücken wir die Tische gerade, stellen wir die Stühle auf die Tische, gießen wir die Pflanzen, stellen wir die Getränkekiste hinaus und räumen wir die Garderobe auf, bevor wir gehen.*
(Lisa and Tommy), I think it's your turn to clean the board today.	*(Lisa und Tommy), ich glaube, ihr seid heute mit dem Tafellöschen an der Reihe.*
Line up at the door, please.	*Stellt euch bei der Türe in einer Reihe auf.*
Go out into the corridor, please. Go out into the hall, please. Get in line./Stand in line.	*Geht bitte in den Gang hinaus.* *Geht bitte in die Halle hinaus.* *Stellt euch in einer Reihe auf./Stellt euch in einer Reihe auf.*
Put your shoes on.	*Zieht die Schuhe an.*
Put on your shoes and your warm clothes. It's cold outside.	*Zieht die Schuhe und warme Kleidung an.* *Draußen ist es kalt.*

Verhalten und Ordnung in der Klasse

CLASSROOM ENGLISH

Licht und Temperatur in der Klasse

It's rather hot in here today.
Could someone open the window, please?

*Heute ist es ziemlich warm hier.
Könnte jemand bitte das Fenster aufmachen?*

It's a bit sunny in here.
Let's draw the curtains.
Let the blinds down, please.

*Es ist etwas zu hell hier.
Ziehen wir die Vorhänge vor.
Bitte lasst die Rollos herunter.*

It's a bit dark this morning.
Let's switch the lights on.

*Heute Morgen ist es etwas dunkel.
Schalten wir das Licht ein.*

We don't need the lights any more.
Can someone switch them off, please?

*Jetzt brauchen wir das Licht nicht mehr.
Kann bitte jemand das Licht abdrehen?*

(David), please hang your (coat) up in the cloakroom.
(David), please hang your (coat) up in the clothes cupboard.
(David), please hang your (coat) up on the coat hooks.

*(David), bitte hänge (deinen Mantel) in der Garderobe auf.
(David), bitte hänge (deinen Mantel) in den Kleiderschrank.
(David), bitte hänge (deinen Mantel) auf die Kleiderhaken.*

Herrichten, was benötigt wird

Take out your books, please.
(Lisa) hasn't got her book here today.

*Nehmt bitte eure Bücher heraus.
(Lisa) hat ihr Buch heute nicht mit.*

Verhalten und Ordnung in der Klasse

Could you please share with (Lisa), (Anna)?	(Anna), könntest du bitte (Lisa) mitlesen lassen?
(Markus), clean the board, please. Use the sponge first. And then dry the board with the duster./And then dry the board with the cloth. Don't clean the whole board. Only clean this side, please.	(Markus), bitte lösche die Tafel. Nimm zuerst den Schwamm. Und dann trockne die Tafel mit dem Tafeltuch. Lösche nicht die ganze Tafel. Lösche bitte nur diese Seite.
Use a piece of (blue) chalk. Draw a (circle) on the board.	Nimm eine (blaue) Kreide. Zeichne (einen Kreis) an die Tafel.
Take a piece of chalk. Write (hamster) on the board.	Nimm ein Stück Kreide. Schreib (hamster) an die Tafel.
Take out your notepads. Take out your exercise books. Take out a sheet of paper./Take out a piece of paper.	Nehmt euren Schreibblock heraus. Nehmt euer Schreibheft heraus. Nehmt ein Blatt Papier heraus.

Etwas liegt auf dem Boden

(Karin), there's a (pencil) under your desk. It must be yours. Can you pick it up, please?	(Karin), da liegt (ein Bleistift) unter deinem Tisch. Der muss dir gehören. Heb ihn bitte auf.
(Viktoria), please pick up the paper and throw it in the waste-bin.	(Viktoria), bitte heb das Papier auf und wirf es in den Papierkorb.
There's a lot of paper on the floor, but let's not bother now.	Da liegt sehr viel Papier auf dem Boden, aber kümmern wir uns jetzt nicht darum.
Let's just leave it. Let's finish our work and tidy up the classroom later.	Lassen wir es einfach liegen. Machen wir unsere Arbeit fertig und räumen wir die Klasse später auf.

Nach der Pause

Please throw away your rubbish./Please throw away your waste.	Bitte werft eure Abfälle weg.

Verhalten und Ordnung in der Klasse

Finish eating.	*Hört auf zu essen.*
Please wipe your desk with the damp cloth.	*Bitte wisch deinen Tisch mit einem feuchten Tuch ab.*
Please wipe your desk with the sponge.	*Bitte wisch deinen Tisch mit dem Schwamm ab.*
(Stefan), please put your empty (apple juice) bottle in the drinks crate.	*(Stefan), bitte stelle deine leere (Apfelsaftflasche) in die Getränkekiste.*

Das Klassenzimmer aufräumen

Look at our classroom. It's really untidy in here, isn't it?	*Schaut euch unser Klassenzimmer an. Es ist hier wirklich unordentlich, nicht wahr?*
Let's tidy up, shall we? First pick up the paper that's on the floor, please. ...	*Räumen wir auf, einverstanden? Zuerst hebt bitte das Papier auf, das auf dem Boden liegt.*
Pick up the rubbish on the floor and throw it away. Throw it in the waste-paper, plastic, compost or waste-bin.	*Hebt die Abfälle vom Boden auf und werft sie weg. Werft sie in den Papierkorb, in den Plastik-, Kompost- oder Abfallkübel.*
Put your empty bottles in the drinks crate.	*Stellt eure leeren Flaschen in die Getränkekiste.*

Sozialarrangements

CLASSROOM ENGLISH

Plätze tauschen

(Barbara) and (Peter), could you please swap seats?/(Barbara) and (Peter), could you please swap places?

(Barbara) und (Peter), könnt ihr bitte die Plätze tauschen?

Einen freien Platz in der Klasse schaffen

We need some space here.
Could you please stand up and move your desks and chairs back?

*Wir brauchen hier etwas Platz.
Könnt ihr bitte aufstehen und eure Tische und Stühle zurückschieben?*

Einen Kreis bilden

Then come here, please.
Let's form a circle./Let's make a circle.
Get into a circle.
Join hands and make a big circle.

OK.
Now hands down, please.

Look, this is not a real circle.

*Kommt dann bitte hierher.
Bilden wir einen Kreis.*

*Bildet einen Kreis.
Gebt euch die Hände und bildet einen großen Kreis.
Gut.
Jetzt bitte Hände loslassen.*

Schaut her, das ist nicht wirklich ein Kreis.

Sozialarrangements

Children over there, please move back a bit.	Kinder dort drüben, geht ein bisschen zurück.
Children over there, please move in a bit.	Kinder dort drüben, geht ein bisschen nach vor.

Die Klasse in zwei große Gruppen teilen

OK, now I'm going to divide you into two big groups.	Okay, jetzt werde ich euch in zwei große Gruppen teilen.
All of you over here, you're A.	Ihr alle hier herüben seid A.
And all of you over there, you're B.	Und ihr alle dort drüben seid B.
A, you start.	A, ihr beginnt.
And B, you answer.	Und B, ihr antwortet.
Let's go.	Fangen wir an!

Partnerarbeit

Now get into pairs, please.	Bildet jetzt bitte Paare.
Now work in pairs, please.	Arbeitet jetzt bitte paarweise.
Who hasn't got a partner?	Wer hat keinen Partner?
(Maria) hasn't.	(Maria) hat keinen.
Why don't you turn round, (Maria), and join (Sandra) and (Tommy)?	Dreh dich doch um, (Maria), und schließe dich (Sandra) und (Tommy) an.
Work in a group of three.	Arbeitet zu dritt.
OK, listen to me now.	Gut, hört mir jetzt zu.
One in each pair is A, and one is B.	Einer in jedem Paar ist A, und der andere ist B.
Decide quickly who is A and who is B.	Entscheidet euch schnell, wer A und wer B ist.
All the As, put up your hands, please.	Alle A, zeigt bitte auf.
OK.	Okay.
And now all the Bs, you put up your hands, please.	Und jetzt zeigen bitte alle B auf.
Good.	Gut.
A is the (shopkeeper), and B is the (boy in the shop).	A ist (der Händler), und B ist (der Junge im Geschäft).
Well done.	Gut gemacht.

Sozialarrangements

Finished? OK. Now you swap roles. Now B is the (shopkeeper), and A is the (boy in the shop).	*Fertig?* *Okay.* *Jetzt tauscht die Rollen.* *Jetzt ist B (der Händler), und A ist (der Junge im Geschäft).*

Gruppenarbeit

Now form groups of (four). In each group, the children sitting on the left-hand side are A, and the ones sitting on the right-hand side are B. Good. The As are the (shopkeeper), and the Bs are the (boy in the shop).	*Jetzt bildet (Vierergruppen).* *In jeder Gruppe sind die Kinder, die links sitzen, A, und die Kinder, die rechts sitzen, sind B.* *Gut.* *Die A sind (der Händler), und die B sind (der Junge im Geschäft).*
Well done. Finished? OK. Now you swap roles. Now the Bs are the (shopkeeper), and the As are the (boy in the shop).	*Gut gemacht.* *Fertig?* *Okay.* *Jetzt tauscht die Rollen.* *Jetzt sind die Bs (der Händler), und die As (der Junge im Geschäft).*

Korrektur, Loben und Ermahnen

CLASSROOM ENGLISH

Korrektur

It's almost right. Can you try again, please?	*Es ist fast richtig.* *Kannst du es bitte noch einmal versuchen?*
Not quite. Please say it again.	*Nicht ganz.* *Sag es bitte noch einmal.*
Please say it once more.	*Sag es bitte noch ein weiteres Mal.*
Who wants to give it a try? (Kerstin)? Yes, that's it. Excellent. Let's all say it together now. Once more, everybody. Can someone help (Anna), please?	*Wer möchte es versuchen?* *Ja, genau.* *Großartig.* *Sagen wir es jetzt alle gemeinsam.* *Alle noch einmal.* *Kann bitte jemand (Anna) helfen?*

Loben

■ **Kurzes Lob:**

Good!	*Gut.*
Good work!	*Gute Arbeit.*
Very good!	*Sehr gut!*
Very nice!	*Sehr schön!*
Excellent!	*Hervorragend!*
Brilliant!	*Großartig!*
Well done!	*Gut gemacht!*
Wow!	*Toll!*
Good for you!	*Gut gemacht!*

Korrektur, Loben und Ermahnen

Wonderful!	*Wunderbar!*
Great!	*Großartig!*
Great work!	*Großartige Leistung!*
Great try!	*Großartiger Versuch!*
Fantastic!	*Fantastisch!*
Superb!	*Ausgezeichnet!*

■ **Beschreibendes Lob:**

What a nice piece of work, (Kevin).
What a lovely dialogue you've created.
You've remembered so many words. That's fantastic.

Was für eine gute Arbeit, (Kevin).
Was für einen netten Dialog ihr da erfunden habt.
Ihr habt euch so viele Wörter gemerkt.
Das ist fantastisch.

I liked your role-play very much.

Euer Rollenspiel hat mir sehr gut gefallen.

I really enjoyed your role-play.

Euer Rollenspiel hat mir wirklich sehr gefallen.

You did that very nicely, (Toni).

Du hast das sehr gut gemacht, (Toni).

■ **Lob für Hilfe:**

That's very nice of you.
Thanks a lot, (Birgit).

Das ist sehr nett von dir.
Vielen Dank, (Birgit).

Thanks for your help, (Martin).

Danke für deine Hilfe, (Martin).

Ermahnen

■ **Es ist zu laut in der Klasse:**

Quiet everyone.
Pay attention, please.

Seid alle still.
Passt bitte auf.

It's awfully noisy in here, isn't it?

Es ist hier schrecklich laut, nicht wahr?

Korrektur, Loben und Ermahnen

Can you please calm down?
Can you please be quiet now?
Let's turn the volume down a bit.
(L macht eine entsprechende Handbewegung.)

Könnt ihr euch bitte beruhigen?
Könnt ihr jetzt bitte leise sein?
Seien wir etwas leiser.

■ Zum Aufhören auffordern:

That's enough now.
Stop it!

Das reicht jetzt.
Hört auf damit!

Don't do that!

Tut das bitte nicht!

Stop talking.

Hört auf zu reden.

Stop making such a noise./Stop being so noisy.

Hört auf, so einen Lärm zu machen.

Stop speaking German now.
It's time to calm down now.
Calm down.

Hört jetzt auf, Deutsch zu reden.
Beruhigt euch jetzt langsam.
Beruhigt euch.

Die Verwendung von Medien

CLASSROOM ENGLISH

Stromanschluss

Can someone plug in the CD-player for me?
Can someone plug in the cassette recorder for me?
Can someone plug in the video for me?
Can someone plug in the TV for me?
Can someone plug in the overhead projector for me?

Kann mir jemand den CD-Spieler anstecken?
Kann mir jemand den Kassettenrekorder anstecken?
Kann mir jemand den Videorekorder anstecken?
Kann mir jemand den Fernsehapparat anstecken?
Kann mir jemand den Overheadprojektor anstecken?

The socket is down there.
The socket is over there.
The socket is under the desk.
The socket is in the floor over there.

Die Steckdose ist dort unten.
Die Steckdose ist dort drüben.
Die Steckdose ist unter dem Tisch.
Die Steckdose ist dort drüben im Boden.

Where's the socket?
Can anybody see the socket?

Wo ist die Steckdose?
Sieht jemand die Steckdose?

Oh, we need an extension.

Oh, wir brauchen ein Verlängerungskabel.

It's over there.

Es ist dort drüben.

OK.
We've finished now.
Can you unplug the CD-player, please?
Can you unplug the cassette recorder, please?
Can you unplug the video, please?

Can you unplug the TV, please?

Can you unplug the overhead projector, please?

Okay.
Wir sind jetzt fertig.
Kannst du bitte den CD-Spieler ausstecken?
Kannst du bitte den Kassettenrekorder ausstecken?
Kannst du bitte den Videorekorder ausstecken?
Kannst du bitte den Fernsehapparat ausstecken?
Kannst du bitte den Overheadprojektor ausstecken?

Den CD-Spieler verwenden

Can you put the CD in, please?
It's track (twelve).

Kannst du bitte die CD einlegen?
Es ist Nummer (zwölf).

Die Verwendung von Medien

Now press the PLAY button.	*Drücke jetzt auf PLAY.*
That's too loud. Can you please turn the volume down a bit? I'll turn the volume down a bit.	*Das ist zu laut.* *Kannst du bitte ein bisschen leiser drehen?* *Ich werde ein bisschen leiser drehen.*
It's not loud enough./That's not loud enough. Can you please turn the volume up a bit? I'll turn the volume up a bit.	*Das ist zu leise.* *Kannst du bitte ein bisschen lauter drehen?* *Ich werde etwas lauter drehen.*

Das Video verwenden

The video isn't cued yet.	*Das Video ist noch nicht richtig eingestellt.*
I need to cue the cassette.	*Ich muss die Kassette richtig einstellen.*
Can you wind the cassette forward, please?	*Kannst du die Kassette bitte vorspulen?*
Can you rewind the cassette, please?	*Kannst du die Kassette bitte zurückspulen?*
Can you press PLAY, please?	*Kannst du bitte auf PLAY drücken?*
Oh, it's too loud./Oh, that's too loud. Please turn the volume down a bit. I'll turn the volume down a bit.	*Oh, das ist zu laut.* *Bitte drehe etwas leiser.* *Ich werde etwas leiser drehen.*
It's not loud enough./That's not loud enough. Please turn the volume up a bit. I'll turn the volume up a bit.	*Das ist zu leise.* *Bitte drehe etwas lauter.* *Ich werde etwas lauter drehen.*

Den Overheadprojektor verwenden

Switch on the OHP, please.	*Bitte schalte den Overheadprojektor ein.*
The picture's not clear. Can you adjust the focus, please? I need to adjust the focus.	*Das Bild ist unscharf.* *Kannst du bitte scharf einstellen?* *Ich muss scharf einstellen.*

Teil 3

Ausdrücke und Phrasen für die Integration des Englischunterrichts in andere Unterrichtsbereiche

Sport

CLASSROOM ENGLISCH

Wortschatz

rope	*Seil*
fireman's pole	*Kletterstange*
bench	*Bank*
mat	*Turnmatte*
hula hoop	*Hula-Hoop-Reifen*
scooter	*Tretroller*
ladder	*Leiter*
beam	*Schwebebalken*
vaulting horse	*Sprungpferd*
basket	*Korb*
cone	*Kegel*
club	*Keule*
stilts	*Stelzen*
ball	*Ball*
medicine ball	*Medizinball*
tennis ball	*Tennisball*
racket	*Tennisschläger*
basketball	*Korbball*
badminton	*Federballspiel*
shuttlecock	*Federball*
volleyball net	*Volleyballnetz*

Anweisungen

■ **Vorbereitung:**

We're going to the gym now.
(Peter), please hang the "We're in the gym" sign on the door handle.
Please line up in twos outside the classroom./Please line up two by two outside the classroom.

Is this a line?
(Christoph), where's your partner?
(Christoph), who's your partner?

Wir gehen jetzt in die Turnhalle.
(Peter), bitte hänge das „Wir sind in der Turnhalle"-Schild auf die Türklinke.
Stellt euch bitte vor der Klasse in einer Zweierreihe auf.

Soll das eine Reihe sein?
(Christoph), wo ist dein Partner?
(Christoph), wer ist dein Partner?

Sport

Don't forget your trainers and your PE bags./Don't forget your trainers and your gym bags.	*Vergesst die Turnschuhe und die Turnbeutel nicht.*
Now let's go to the changing room.	*Gehen wir jetzt in den Umkleideraum.*

■ Im Umkleideraum:

Get changed quickly.	*Zieht euch schnell um.*
Put on your trainers.	*Zieht die Turnschuhe an.*
Whose are these trainers?	*Wem gehören diese Turnschuhe?*
Take off your vest, otherwise you're going to be too hot in the gym.	*Zieh dein Unterleibchen/Unterhemd aus, sonst wird dir in der Turnhalle zu warm sein.*
Anyone who is wearing jewellery (watch, necklace, earrings, and so on) please give it to me.	*Alle, die Schmuck (Uhr, Halskette, Ohrringe usw.) tragen, gebt ihn mir bitte.*
Look, (Martin). Your laces are undone. Don't forget to tie them.	*Schau, (Martin). Deine Schuhbänder sind offen. Vergiss nicht, sie zuzubinden.*
Quick. Run into the gym everyone.	*Beeilt euch. Lauft alle in die Turnhalle.*

■ In der Turnhalle – allgemeine Anweisungen:

Let's stand on the blue line.	*Stellen wir uns auf die blaue Linie.*
Stand behind the blue line.	*Stellt euch hinter die blaue Linie.*
Run across the blue line.	*Lauft über die blaue Linie.*
Here is the finishing line.	*Hier ist die Ziellinie.*
Stand in a row.	*Stellt euch in einer Reihe auf.*
Lie on your stomachs on the floor.	*Legt euch mit dem Bauch auf den Boden.*

Sport

Lie on your backs on the floor.	*Legt euch mit dem Rücken auf den Boden.*
Lie on your sides on the floor.	*Legt euch seitlich auf den Boden.*
Come and sit down in a circle.	*Kommt und setzt euch in einem Kreis hin.*
Let's sit in a circle now.	*Wir sitzen jetzt in einem Kreis.*
Form a circle.	*Bildet einen Kreis.*
Sit down and cross your legs.	*Setzt euch hin und überkreuzt die Beine.*
Let's form (four) groups, quickly./ Let's form (four) teams, quickly.	*Bilden wir (vier) Gruppen, schnell.*
Get into groups of (three).	*Bildet (Dreiergruppen).*
Count off in (fours)./Number off in (fours).	*Zählt bis (vier) ab.*
All the ones, you take the blue ribbons.	*Alle Einser, ihr nehmt die blauen Bänder.*
All the twos, you get the red ribbons.	*Alle Zweier, ihr bekommt die roten Schleifen.*
…	
Let's do a warm-up activity now.	*Machen wir jetzt eine Aufwärmübung.*
Let's play a game.	*Spielen wir ein Spiel.*
On your marks, get set, go!	*Auf die Plätze, fertig, los!*
Ready, steady, go!	*Achtung, fertig, los!*

■ In der Turnhalle – spezielle Anweisungen:

Ballspiele:

Toss the ball from one hand to the other.	*Werft den Ball von einer Hand zur anderen.*
Throw the ball against the wall.	*Werft den Ball an die Wand.*
Pass the ball to your partner.	*Werft den Ball eurem Partner zu.*
Catch the ball.	*Fangt den Ball.*

Sport

Dribble the ball on the floor.	*Dribbelt den Ball auf dem Boden.*
Bounce the ball, while weaving in and out of the cones.	*Lasst den Ball auf dem Boden aufspringen, während ihr euch zwischen den Kegeln durchschlängelt.*
Roll the ball through your legs.	*Rollt den Ball durch die Beine.*
Put the ball on the floor.	*Legt den Ball auf den Boden.*
Pick up the medicine ball. Take the medicine ball.	*Hebt den Medizinball auf. Nehmt den Medizinball.*

Klettern:

Climb up the ladder.	*Klettert die Leiter hinauf.*
Climb up the rope.	*Klettert das Seil hinauf.*
Use the monkey grip (when climbing up the ladder).	*Verwendet den Affengriff (wenn ihr die Leiter hinaufklettert).*
Slide down the fireman's pole.	*Rutscht die Kletterstange hinunter.*

Übungen mit der Langbank:

Slide down the bench.	*Rutscht die Bank hinunter.*
Crawl round the bench. Crawl under the bench.	*Kriecht um die Bank herum. Kriecht unter der Bank durch.*

Sport

Jump over the bench.	*Springt über die Bank.*
Skip along the bench.	*Hüpft die Bank entlang.*
Balance on the bench.	*Balanciert über die Bank.*
(Peter and Thomas), can you please put the bench on the white line?	*(Peter und Thomas), könnt ihr bitte die Bank auf die weiße Linie stellen?*

Bewegungsübungen:

Walk on the spot.	*Geht auf der Stelle.*
Run forwards.	*Lauft vorwärts.*
Run backwards.	*Lauft rückwärts.*
Walk diagonally.	*Geht diagonal, von einer Ecke zur anderen.*
Walk in a circle.	*Geht im Kreis.*
Turn around.	*Dreht euch herum.*
Walk on your toes.	*Geht auf den Zehen.*
Tiptoe to the (mat).	*Geht auf Zehenspitzen (zur Matte).*
Walk sideways.	*Geht seitwärts.*
Hop like a rabbit.	*Hüpft wie ein Hase.*
Hop like a kangaroo.	*Hüpft wie ein Känguru.*
Slither like a snake.	*Gleitet wie eine Schlange.*
Crawl like a beetle.	*Kriecht wie ein Käfer.*

Bodenturnen:

Do a forward somersault.	*Schlagt einen Purzelbaum vorwärts.*
Do a backward somersault.	*Schlagt einen Purzelbaum rückwärts.*
Do a forward roll.	*Macht eine Rolle vorwärts.*
Do a backward roll.	*Macht eine Rolle rückwärts.*
Do a headstand.	*Macht einen Kopfstand.*

Sport

Do a handstand.	*Macht einen Handstand.*
Do a cartwheel.	*Schlagt ein Rad.*

Gymnastik:

Do jumping jacks.	*Macht den Hampelmann.*
Do press-ups.	*Macht Liegestütze.*
Bend over and touch your toes.	*Beugt euch vor und berührt die Zehen.*
Stretch your arms up above your head.	*Streckt die Arme über dem Kopf in die Höhe.*
Make yourself as big as you can./ Make yourself as tall as you can.	*Macht euch so groß wie möglich.*
Run two laps around the gym./Jog two laps around the gym.	*Lauft zwei Runden um die Turnhalle.*

Spiele – allgemeine Anweisungen:

Team (two) has won.	*Team (zwei) hat gewonnen.*
Here are the winners.	*Das sind die Sieger.*
Let's play a game.	*Spielen wir ein Spiel.*
You're on!	*Du bist's!*
You're it!	*Du bist's! (beim Fangenspiel)*
It's your turn.	*Du bist dran.*
Slow down.	*Langsamer.*
Watch out!	*Pass auf!*
Be careful!	*Vorsicht!*
Watch what you're doing!	*Pass auf, was du machst!*
Hold the ball!	*Haltet den Ball!*
Stop bouncing the ball!	*Lasst den Ball nicht mehr aufspringen!*
Freeze!	*Nicht bewegen!*
Don't move!	*Bewegt euch nicht.*
Stop!	*Stopp!*

Sport

Spiele

■ **Dog, wake up, your bone's gone!** *(Hund, wach auf, dein Knochen ist weg!)*

Spielregeln:

Ein Kind übernimmt die Rolle des Hundes. Es sitzt in der Mitte eines Kreises und tut so, als würde es schlafen. Ein Radiergummi oder ein anderer Gegenstand wird neben den Hund gelegt. Das ist der Knochen. Während der Hund schläft, schleicht sich ein Kind an, stiehlt den Knochen und versteckt ihn hinter dem Rücken. Dann singen alle: *"Dog, wake up, your bone's gone!"* Da wacht der Hund auf und darf dreimal raten, wer den Knochen genommen hat. Wenn er es errät, bestimmt er, wer als Nächster der Hund ist. Wenn er es nicht errät, dann ist das Kind, das den Knochen gestohlen hat, der nächste Hund.

Anweisungen:

Let's play "Dog, wake up, your bone's gone".	*Spielen wir "Dog, wake up, your bone's gone".*
Make a big circle.	*Bildet einen großen Kreis.*
Sit down everybody.	*Setzt euch alle hin.*
(Michael), you're the dog.	*(Michael), du bist der Hund.*
Sit down in the middle of the circle.	*Setz dich in die Mitte des Kreises.*
Look, this is the bone.	*Schaut, das ist der Knochen.*
Let's put it on the floor next to (Michael).	*Legen wir ihn auf den Boden neben (Michael).*
(Michael), close your eyes, now. You're asleep.	*(Michael), mach jetzt die Augen zu. Du schläfst jetzt.*
OK.	*Gut.*
Now somebody can come here and steal the bone.	*Jetzt kann jemand herkommen und den Knochen stehlen.*

Shhh.	*Pst!*
Don't wake the dog.	*Weck den Hund nicht auf.*
Now everybody sings:	*Jetzt singt alle:*
"Dog, wake up, your bone's gone!"	*"Dog, wake up, your bone's gone!"*
Open your eyes, dog.	*Mach die Augen auf, Hund.*
Can you guess who took the bone?	*Kannst du erraten, wer den Knochen genommen hat?*

■ Snake in the grass *(Schlange im Gras)*

Spielregeln:

Dieses Spiel eignet sich hervorragend als Ergänzung zur Verkehrserziehung. Man braucht dafür einen kleinen Bereich in der Turnhalle.
Stellen Sie vier Bänke auf. Die Bänke stehen für den Zaun eines Gartens. Der Garten sollte klein sein. Alle Bereiche der Turnhalle außerhalb des Zauns sind die Straße, auf die die Kinder nicht laufen dürfen.
Am Beginn des Spiels liegt ein Kind als Schlange in der Mitte des Gartens, die anderen Kinder hocken rund um die Schlange und berühren sie mit einer Hand.
Sobald Sie *"Snake in the grass"* sagen, laufen die Kinder von der Schlange weg, und die Schlange beginnt gleichzeitig, sich schlängelnd und wälzend im Gras zu bewegen. Sie versucht, die Kinder zu berühren, um sie so in Schlangen zu verwandeln. Sobald eines der Kinder von der Schlange berührt wurde, ist es auch eine Schlange und versucht eines der Kinder zu berühren usw. Denken Sie daran, dass alle Kinder während des Spiels innerhalb des Gartenzauns bleiben müssen. Wenn sie auf die Straße laufen, werden sie auch zu Schlangen. Das letzte noch stehende Kind hat das Spiel gewonnen.

Anweisungen:

This is the grass, the garden.	*Das ist die Wiese, der Garten.*
(L zeigt auf die Fläche innerhalb der Bänke.)	
And this is the street.	*Und das ist die Straße.*
(L zeigt auf die Bereiche außerhalb der Bänke.)	
Hold hands and form a circle.	*Haltet euch an den Händen und bildet einen Kreis.*
Sit down.	*Setzt euch.*
(Anna), come into the middle of the circle.	*(Anna), komm in die Mitte des Kreises.*
(Anna), you are a snake.	*(Anna), du bist eine Schlange.*
Can a snake run?	*Kann eine Schlange laufen?*
No.	*Nein.*

Sport

Can a snake crawl?	Kann eine Schlange kriechen?
No.	Nein.
How does a snake move?	Wie bewegt sich eine Schlange?
Yes, great!	Ja, großartig!
A snake can only slither or roll around in the grass.	Eine Schlange kann sich nur schlängelnd oder herumwälzend im Gras weiterbewegen.
Snake, lie down.	Schlange, leg dich hin.
And all of you come here and touch the snake with your hand.	Und ihr kommt alle her und berührt die Schlange mit der Hand.
When I say, "Snake in the grass," you all run away from the snake as quickly as you can.	Wenn ich "Snake in the grass" sage, müsst ihr alle so schnell, wie ihr könnt, von der Schlange weglaufen.
But you have to stay in the garden.	Aber ihr müsst im Garten bleiben.
You must not run into the street.	Ihr dürft nicht auf die Straße laufen.
If you run into the street,	Wer auf die Straße läuft,
you will become a snake.	wird eine Schlange.
(Anna), when I say, "Snake in the grass," you try to touch the other children and turn them into snakes.	(Anna), wenn ich "Snake in the grass" sage, dann versuchst du, die anderen Kinder zu berühren und in Schlangen zu verwandeln.
Say: "Now you're a snake"	Sag: „Jetzt bist du eine Schlange".
Remember, a snake can only slither or roll around.	Denk daran, eine Schlange kann sich nur schlängelnd oder herumwälzend fortbewegen.
Children, when the snake touches you, you are a snake too, and you can help (Anna) catch the other kids.	Kinder, wenn euch die Schlange berührt, seid ihr auch eine Schlange, und ihr könnt (Anna) helfen, andere Kinder zu fangen.
The last child left standing is the winner.	Das Kind, das als Letztes noch steht, hat gewonnen.

■ **Ships across the sea** (*Schiffe über das Meer*)

Spielregeln:

Zwei Kinder sind die Kraken. Sie stehen in der Mitte der Turnhalle und haben je einen Ball in der Hand. Die anderen Kinder stehen auf einer Seite der Turnhalle und sind die Schiffe.
Sobald die Kraken "*Ships across the sea*" rufen, müssen die Schiffe den Hafen verlassen und versuchen, auf die andere Seite des Meeres (= der Turnhalle) zu gelangen, ohne von den Kraken angegriffen zu werden. Die Kraken versuchen, die Schiffe mit den Bällen zu treffen. Ist ein Schiff getroffen worden, wird es zu einem Fisch. Die Fische müssen an der Stelle, wo sie getrof-

fen wurden, mit überkreuzten Beinen und ausgestreckten Armen sitzen bleiben. Die Fische sind böse und helfen sitzend den Kraken, die Schiffe zu attackieren. Berührt ein Fisch ein Schiff, so wird es ebenfalls zu einem Fisch. Die letzten zwei Schiffe werden die nächsten Kraken.

Anweisungen:

(Tom and Barbara), you are the octopuses.	*(Tom und Barbara), ihr seid die Kraken.*
Stand here, and each of you gets a ball.	*Stellt euch hierher, und jeder von euch bekommt einen Ball.*
All the other children, you're ships.	*Alle anderen Kinder, ihr seid Schiffe.*
You stand over here.	*Ihr steht hier herüben.*
When the octopuses say, "Ships across the sea," you have to get to the other side of the sea. (L zeigt, wohin die Kinder laufen müssen.)	*Wenn die Kraken "Ships across the sea" sagen, müsst ihr versuchen, auf die andere Seite des Meeres zu gelangen.*
But be careful - the octopuses will attack you.	*Aber passt auf, die Kraken werden euch angreifen.*
They will try to hit you with a ball.	*Sie werden versuchen, euch mit einem Ball zu treffen.*
If a ball hits you, you become a fish, a bad fish.	*Der, den ein Ball trifft, wird ein Fisch, ein böser Fisch.*
The bad fish must sit down cross-legged where they have been hit.	*Die bösen Fische müssen sich mit gekreuzten Beinen dort niedersetzen, wo sie getroffen wurden.*
And they must stretch their arms out.	*Und sie müssen die Arme ausstrecken.*
Ships, you have to be very careful now.	*Schiffe, ihr müsst jetzt sehr vorsichtig sein.*
Now you will be attacked by the octopuses and also by the bad fish.	*Ihr werdet jetzt von den Kraken und auch von den bösen Fischen angegriffen werden.*
The fish will try to touch you, but they have to remain seated.	*Die Fische werden versuchen, euch zu berühren, aber sie müssen sitzen bleiben.*
If a fish touches a ship, the ship becomes a bad fish too.	*Wenn ein Fisch ein Schiff berührt, wird es auch ein böser Fisch.*

■ **Duck, duck, grey duck** *(Ente, Ente, graue Ente)*

Spielregeln:

Die Kinder bilden einen Kreis. Sie hocken sich wie Enten hin. (Sie können sich auch mit überkreuzten Beinen hinsetzen.) Sie sind die Enten. Ein Kind

Sport

ist „es". Es geht im Kreis herum, berührt die Enten sanft auf dem Kopf und sagt dabei: *"Yellow duck, blue duck, brown duck, pink duck ..."* Es wählt dann ein Kind aus und sagt: *"Grey duck!"* Die graue Ente muss aufstehen und versuchen, „es" zu fangen, bevor „es" um den Kreis herum zu der Stelle gelaufen ist, wo die graue Ente gesessen ist. Wenn „es" dorthin gelangt, ohne gefangen worden zu sein, setzt „es" sich dort hin, und die graue Ente wird „es". Wenn die graue Ente „es" fängt, bevor „es" sich hinsetzt, muss sich „es" so lange in die Mitte des Kreises setzen, bis ein anderes Kind gefangen wurde und seinen Platz einnimmt.

Anweisungen:

Form a circle, please.	*Bildet bitte einen Kreis.*
Now you're ducks.	*Jetzt seid ihr Enten.*
Squat down like this.	*Hockt euch so hin.*
(L zeigt es vor.)	
Or you can sit with your legs crossed.	*Oder ihr könnt mit überkreuzten Beinen sitzen.*
(Maria), you are "it" now.	*(Maria), du bist jetzt „es".*
You walk around the circle of ducks.	*Du gehst um den Entenkreis herum.*
Start walking now and say, "Yellow duck, blue duck, brown duck, pink duck and so on."	*Fang jetzt an zu gehen und sag: "Yellow duck, blue duck, brown duck, pink duck" usw.*
Touch someone's head and say, "Grey duck!"	*Berühre den Kopf eines Kindes und sag: "Grey duck!"*
"Grey duck", get up and run after the "it".	*„Graue Ente", steh auf und laufe „es" nach.*
OK, you have to sit down in the middle now.	*Okay, du musst dich jetzt in der Mitte hinsetzen.*
OK, "grey duck", you're the new "it".	*Okay, „graue Ente", du bist jetzt „es".*

■ **Flowerbed** *(Blumenbeet)*

Spielregeln:

Hula-Hoop-Reifen liegen verstreut auf dem Boden der Turnhalle. Die Kinder tanzen, hopsen, hüpfen, laufen oder gehen zu Musik herum. Sobald Sie *"Five flowers in the flowerbed"* sagen, laufen die Kinder (= Blumen) und stellen sich zu fünft in je einen Reifen. Wenn in einem Reifen entweder mehr oder weniger als fünf Kinder stehen, müssen die Kinder in diesen Reifen auf die Seite gehen und bis zum Ende des Spiels dort sitzen bleiben.
Während jeder Runde kann die angesagte Zahl eine andere sein, z. B.: *"Three flowers in the flowerbed"*, *"Six flowers ..."* usw.
Die Kinder, die zuletzt noch übrig sind, haben gewonnen.

Sport

Anweisungen:

These are the flowerbeds. (L zeigt auf die Reifen.)	*Das sind die Blumenbeete.*
All of you are the flowers.	*Ihr alle seid die Blumen.*
I'm going to play some music now.	*Ich werde jetzt Musik vorspielen.*
Move to the music.	*Bewegt euch zur Musik.*
You can dance, hop, skip, run	*Ihr könnt tanzen, hopsen, hüpfen,*
or walk, whatever you like.	*laufen oder gehen, was ihr wollt.*
When I say, "Five flowers in the	*Wenn ich "Five flowers in the*
flowerbed!" you run to a hula hoop	*flowerbed!" sage, dann lauft ihr zu*
and try to get five children (flowers)	*einem Reifen und versucht zu fünft*
in the flowerbed.	*in den Reifen zu gelangen.*
Careful now!	*Passt jetzt auf!*
Five flowers in the flowerbed!	
Sorry, you're not five flowers. (L hat bemerkt, dass mehr oder weniger als fünf Kinder in einem Reifen stehen.)	*Tut mir Leid, ihr seid nicht fünf Blumen.*
You're out.	*Ihr seid draußen.*
Go and sit on the bench, please.	*Bitte geht und setzt euch auf die Bank.*
Now hop around the gym.	*Hopst jetzt im Turnsaal herum.*
Three flowers in the flowerbed!	*Drei Blumen im Blumenbeet!*
...	
OK.	*Okay.*
You're the winners.	*Ihr habt gewonnen.*
...	

■ **Ghost, are you asleep?** *(Schläfst du, Gespenst?)*

Spielregeln:

Ein Kind (= das Gespenst) liegt unter einer Decke und „schläft". Bevor es eingeschlafen ist, haben Sie ihm eine magische Zahl ins Ohr geflüstert. Das ist die Anzahl, wie oft eines der Kinder das Gespenst fragen muss: „*Ghost, are you asleep?*" Nachdem diese Frage entsprechend oft gesagt wurde, wacht das Gespenst auf und versucht eines der Kinder zu fangen. Das Kind, das das Gespenst fängt, ist das nächste Gespenst.

Anweisungen:

(Peter), you're the ghost.	*(Peter), du bist das Gespenst.*
Everybody else, sit down on the floor.	*Alle anderen, setzt euch auf den Boden.*
The magic number is (seven). (L flüstert dies dem Gespenst zu.)	*Die magische Zahl ist (sieben).*

Sport

OK, we'll put a blanket over you now.	*Okay, wir werden jetzt eine Decke über dich legen.*
The ghost is asleep.	*Das Gespenst schläft jetzt.*
OK.	*Okay.*
(Sandra), ask the ghost now, "Ghost, are you asleep?" until he wakes up.	*(Sandra), frag das Gespenst jetzt "Ghost, are you asleep?", bis es aufwacht.*

■ Sock wrestling *(Sockenringen)*

Spielregeln:

Alle Kinder sitzen in einem Kreis. Sie haben ihre Schuhe ausgezogen, haben also nur Socken an. Jedes Kind bekommt eine Nummer. Rufen Sie dann zwei Nummern auf. Die Kinder mit diesen Nummern kommen in die Mitte des Kreises. Sie müssen, auf den Knien rutschend, irgendwie dem anderen die Socken ausziehen. Derjenige, dem dies zuerst gelingt, hat gewonnen. Variation: Die Kinder stecken sich Kissen unter die Turnleibchen, die sie einander wegnehmen müssen. Das Spiel ist dann weniger kontaktorientiert.

Anweisungen:

Form a circle.	*Bildet einen Kreis.*
Sit down and take off your shoes.	*Setzt euch hin und zieht die Schuhe aus.*
I'm going to give each of you a number now.	*Ich werde jetzt jedem von euch eine Nummer geben.*
Now I'll call out two numbers.	*Jetzt rufe ich zwei Nummern auf.*
The children who have these numbers come to the middle of the circle.	*Die Kinder, die diese Nummern haben, kommen in die Mitte des Kreises.*
Kneel down.	*Kniet nieder.*
Try to get one of your partner's socks.	*Versucht, einen Socken des anderen Kindes zu nehmen.*
Stay on your knees.	*Rutscht auf den Knien.*

■ Green light, go! Red light, stop! *(Bei Grün da geh! Bei Rot da steh!)*

Spielregeln:

Ein Kind ist der Verkehrspolizist. Er steht auf seinem Posten auf einer Seite der Turnhalle. Die anderen Kinder sind Autos, auf deren Gepäckträger sich Gepäckstücke befinden. Die Gepäckstücke sind entweder ein Buch, ein Radiergummi, ein Bleistift oder Ähnliches. Die Autos balancieren einen dieser Gegenstände auf dem Kopf.

Sport

Die Autos stehen auf der Seite der Turnhalle, die der Seite des Verkehrspostens gegenüberliegt. Wenn der Verkehrspolizist *"Green light, go!"* sagt und dann den Kindern den Rücken zudreht, beginnen die Autos zum Verkehrspolizisten hin zu gehen, um ihn zu fangen, bevor er sich wieder umdreht und *"Red light, stop!"* sagt. Wenn ein Kind sein Gepäckstück verliert, muss es stehen bleiben und das Gepäckstück zurück auf den Kopf legen, bevor es weitergehen darf. Die Kinder dürfen ihr Gepäckstück nicht mit den Händen festhalten!
Wenn sich der Verkehrspolizist umdreht und *"Red light, stop!"* sagt, müssen die Autos sofort stehen bleiben. Sollte der Verkehrspolizist sehen, dass sich ein Kind noch bewegt, sei es auch nur eine ganz geringe Bewegung, muss dieses Kind zurück zur Startlinie. Wenn ein Gepäckstück vom Kopf eines Kindes fällt, während es steht, und der Verkehrspolizist dies bemerkt, muss dieses Kind ebenfalls zur Startlinie zurückgehen.
Hat sich der Verkehrspolizist davon überzeugt, dass alle Kinder bewegungslos stehen, sagt er wieder *"Green light, go!"*, und die Autos gehen weiter. Das Kind, das als Erstes beim Verkehrspolizisten ankommt und ihn fängt, hat gewonnen und ist der nächste Verkehrspolizist.

Anweisungen:

(Petra), you're the traffic cop.
Stand over here.
Everybody else, stand over there.

You're cars with luggage on top.
<small>(L legt z. B. einen Radiergummi auf den Kopf eines Kindes.)</small>

The cars start behind the
starting line.
Traffic cop, face the cars.
Now say, "Green light, go!" and
turn your back to the cars.
Cars, move forward slowly.
Take small steps.
Balance your luggage.
(Nora), your luggage has fallen off.

Stop and pick it up.
Put it on top of your head and
then go.
You mustn't hold it with your hands.

(Lukas), stop, your luggage is
falling off.

(Petra), du bist der Verkehrspolizist.
Stelle dich hier herüben hin.
Alle anderen, stellt euch dort
drüben auf.

Ihr seid Autos mit einem Gepäckstück
auf dem Dach.

Die Autos fahren von hinter der
Startlinie weg.
Verkehrspolizist, schau die Autos an.
Sag jetzt "Green light, go!" und dreh
den Autos den Rücken zu.
Autos, bewegt euch langsam vorwärts.
Macht kleine Schritte.
Balanciert euer Gepäck.
(Nora), dein Gepäckstück ist
hinuntergefallen.

Bleib stehen und heb es auf.
Gib es auf deinen Kopf und
geh dann.
Du darfst es nicht mit den Händen
halten.

(Lukas), bleib stehen,
dein Gepäckstück fällt hinunter.

Sport

Put it back on your head.	*Leg es zurück auf deinen Kopf.*
Traffic cop, now turn round and say, "Red light, stop!"	*Verkehrspolizist, drehe dich jetzt um und sag: "Red light, stop!"*
Cars, stop!	*Autos, stopp!*
Don't move!	*Bewegt euch nicht.*
Traffic cop, did they move?	*Verkehrspolizist, haben sie sich bewegt?*
(Lisa) moved.	*(Lisa) hat sich bewegt.*
(Lisa), go back to the starting line.	*(Lisa), geh zur Startlinie zurück.*
Traffic cop, turn round again and say, "Green light, go!"	*Verkehrspolizist, dreh dich wieder um und sag: "Green light, go!"*
(Markus) touched the traffic cop first.	*(Markus) hat den Verkehrspolizisten als Erster berührt.*

■ Hula-Hoop-Spiel

Spielregeln:

Geben Sie jedem Kind einen Hula-Hoop-Reifen. Beginnen Sie mit dem Spiel, indem Sie den Kindern eine Geschichte über das Spielen im Regen erzählen. Erzählen sie von Wolken am Himmel und von Pfützen (= Hula-Hoop-Reifen) auf dem Boden. Sagen Sie: „Meine Mutter hat mir verboten, in die Pfützen zu hüpfen, aber ich möchte Spaß haben."
Sagen sie dann *"Jump in the puddles"* und springen Sie in Ihren Hula-Hoop-Reifen hinein.
Sagen sie auch *"Jump over the puddles"* und springen Sie über Ihren Reifen.
Sagen sie *"Run/skip/walk/hop around the puddles"* und machen Sie diese Bewegungen vor.
Sagen und zeigen Sie den Kindern auch die folgenden Aktivitäten:
Kick the puddles around the floor of the gym.
Bounce a ball in the puddles.
Bounce a ball around the puddles.

Anweisungen:

Come here and take a hula hoop each.	*Kommt her und nehmt euch je einen Hula-Hoop-Reifen.*
Imagine you're going for a walk.	*Stellt euch vor, ihr macht einen Spaziergang.*
Your mum's watching you.	*Eure Mama beobachtet euch.*
Suddenly it starts raining.	*Plötzlich beginnt es zu regnen.*
There are big puddles everywhere.	*Überall sind große Pfützen.*
Put your hula hoop on the floor.	*Legt euren Hula-Hoop-Reifen auf den Boden.*

Sport

It's a big puddle.
Your mum says,
"Don't jump in the puddles."
But you want to have some fun.
So you jump in the puddle.
The rain stops.
Pick up your hula hoop,
and carry on walking.
Suddenly it starts raining again,
and there are big puddles everywhere.
Put your hula hoop on the floor.

It's a big puddle.
Your mum says,
"Don't jump over the puddles."
But you want to have some fun.
So you jump over the puddle.
The rain stops.
…

*Er ist eine große Pfütze.
Eure Mama sagt:
„Springt nicht in die Pfützen."
Aber ihr wollt Spaß haben.
Also springt ihr in die Pfütze.
Es hört auf zu regnen.
Hebt euren Hula-Hoop-Reifen auf
und geht weiter.
Plötzlich fängt es wieder zu regnen an, und überall sind große Pfützen.*

*Legt euren Hula-Hoop-Reifen auf den Boden.
Er ist eine große Pfütze.
Eure Mama sagt: „Springt nicht über die Pfützen."
Aber ihr wollt Spaß haben.
Also springt ihr über die Pfützen.
Es hört auf zu regnen.*

Musik

CLASSROOM ENGLISH

Wortschatz

castanets	*Kastagnetten*
cymbal	*Zimbel*
drum	*Trommel*
rattle	*Rassel*
tambourine	*Tamburin*
tom-tom	*Tamtam*
triangle	*Triangel*
xylophone	*Xylophon*
crotchet/quarter beat	*Viertelnote*
minim/half beat	*halbe Note*
semibreve/full beat	*ganze Note*
rest	*Pause*

Anweisungen

■ **Ein Lied singen:**

Today we're going to learn a song in English.

Heute werden wir ein Lied auf Englisch lernen.

Take out your music books.

Nehmt euer Musikbuch heraus.

Put your music books in your desks.
Put your music books on the bookshelf.

*Legt euer Musikbuch in euer Fach.
Stellt euer Musikbuch in das Bücherregal.*

Listen to the text.
Listen to the tempo.
Listen to the rhythm.

*Hört auf den Text.
Hört auf das Tempo.
Hört auf den Rhythmus.*

Sing after me.
Clap after me.
Hum after me.

*Singt mir nach
Klatscht mir nach.
Summt mir nach.*

You're singing too quietly.
Sing louder.
Sing a bit louder.

*Ihr singt zu leise.
Singt lauter.
Singt ein bisschen lauter.*

Open your mouths when you're singing.	*Macht beim Singen euren Mund auf.*
Sing clearly.	*Singt deutlich.*
I don't understand what you're singing.	*Ich verstehe nicht, was ihr singt.*
You're singing off key.	*Ihr singt falsch.*
You're singing too low.	*Ihr singt zu tief.*
You're singing too high.	*Ihr singt zu hoch.*
Sing to the tempo.	*Singt im richtigen Tempo.*
Clap to the rhythm.	*Klatscht im Rhythmus.*
Dance to the beat.	*Tanzt im Takt.*
Move to the beat.	*Bewegt euch im Takt.*
Let's sing the chorus again.	*Singen wir den Refrain noch einmal.*
Let's sing the verse again.	*Singen wir die Strophe noch einmal.*
The boys will sing the first verse and the girls the second.	*Die Jungen werden die erste Strophe singen, die Mädchen die zweite Strophe.*
Everyone will sing the third verse.	*Alle werden die dritte Strophe singen.*

■ Ein Lied mit Bewegungen oder Instrumenten begleiten:

Watch me and do what I do.	*Schaut mir zu und macht, was ich mache.*
Look at me.	*Schaut mich an.*
Concentrate.	*Konzentriert euch.*
Take a deep breath.	*Atmet tief durch.*
Don't raise your shoulders when taking a breath.	*Hebt beim Einatmen nicht die Schultern.*
(Paul), please go and get the drum.	*(Paul), bitte geh die Trommel holen.*
(Sarah), please go and get the tambourine.	*(Sarah), bitte geh das Tamburin holen.*
Be careful with the instruments.	*Seid vorsichtig mit den Instrumenten.*
Knock the castanets together with your fingers in time with the music on the CD.	*Schlagt die Kastagnetten mit den Fingern zum Takt der Musik auf der CD zusammen.*

Musik

Clash the cymbals together in time with the music on the CD.	*Schlagt die Zimbeln zum Takt der Musik auf der CD aneinander.*
Beat the drums in time with the music./Hit the drums in time with the music.	*Schlagt die Trommeln zum Takt der Musik.*
Shake the rattle to the beat of the music.	*Schüttelt die Rassel zum Takt der Musik.*
Hit the tambourine in time with the music./Tap the tambourine in time with the music.	*Schlagt das Tamburin zum Takt der Musik.*
Hit the tom-tom in time with the music.	*Schlagt das Tamtam zum Takt der Musik.*
Hit the triangle with the metal bar in time with the music.	*Schlagt mit dem Metallstab im Takt der Musik auf die Triangel.*
Take the hammers and play the melody on the xylophone.	*Nehmt die Hämmer und spielt die Melodie auf dem Xylophon.*
Here is a two beat rest.	*Da ist eine Zwei-Schlag-Pause.*

Kunsterziehung

CLASSROOM ENGLISH

Wortschatz

water colours	*Wasserfarben*
paints	*Farben*
paintbrush	*Malpinsel*
jar	*Wasserschüssel*
painting shirt	*Malhemd*
markers	*Markierstifte*
crayons/coloured pencils	*Farbstifte*
wax crayons	*Wachskreiden*
scissors	*Schere*
ruler	*Lineal*
glue	*Kleber*
glue gun	*Klebstoffpresse*
paste	*Leim/Kleister*
Sellotape	*Klebeband*
stapler	*Heftmaschine*
staple remover	*Enthefter*
staples	*Heftklammern*
paperclip	*Büroklammer*
string	*Schnur*
thread	*Faden*
yarn	*Garn*
Velcro	*Klettband*
ribbon	*Band*
rubber band	*Gummiband*
tissue paper	*Seidenpapier*
cartridge paper	*Zeichenpapier*
brown paper	*starkes braunes Packpapier*
drawing pad	*Zeichenblock*
coloured paper	*Farbpapier*
wrapping paper	*Packpapier*
cardboard	*Karton*
sheet of paper	*Blatt Papier*
felt	*Filz*
hessian	*Sackleinen*
pipe cleaners	*Pfeifenputzer*
plasticine	*Plastilin*
clay	*Ton*
bead	*Perle*
polystyrene	*Polystyrol/Styropor*
hole-punch	*Locher*
stamp	*Stempel*

Kunsterziehung

ink pad	*Stempelkissen*
shoe box	*Schuhschachtel*
plastic straw	*Plastik-Strohhalm*
toilet-roll tubes	*Toilettenpapier-Rollen*
old magazines	*alte Illustrierte*
to laminate	*laminieren*
to trace	*nachziehen*
to draw	*zeichnen*
to sketch	*entwerfen*
to colour	*anmalen*
to paint	*malen*
to cut out	*ausschneiden*
to glue	*kleben*
to stick on	*befestigen/aufkleben*
to pin up	*anheften/aufhängen*
to fold	*falten*

Anweisungen

■ **Vor dem Zeichnen und Malen:**

We're going to paint a picture now.	*Jetzt werden wir ein Bild malen.*
Today I'd like you to paint (a rabbit).	*Ich möchte, dass ihr heute (einen Hasen) malt.*
Here is some (drawing paper).	*Da ist (Zeichenpapier).*
Here is a (drawing pad).	*Da ist ein (Zeichenblock).*
Here are some crayons.	*Da sind Farbstifte.*

■ **Beim Zeichnen und Malen:**

Draw a pencil sketch first.	*Zeichnet zuerst eine Bleistiftskizze.*
Good.	*Gut.*
Now get your water colours.	*Holt jetzt eure Wasserfarben.*
Please go and get your water colours.	*Geht bitte eure Wasserfarben holen.*
Get your jars and get some water from the washbasin.	*Nehmt eure Wasserschüsseln und holt Wasser vom Waschbecken.*
Has everyone got a paintbrush?	*Hat jeder einen Malpinsel?*
Use the thin paintbrush.	*Nehmt den dünnen Malpinsel.*
Use the thick paintbrush.	*Nehmt den dicken Malpinsel.*

Kunsterziehung

Dip your brushes into the water.	*Taucht den Pinsel ins Wasser.*
Be careful!	*Seid vorsichtig!*
Don't use too much water.	*Verwendet nicht zu viel Wasser.*
Don't paint on your drawings.	*Übermalt eure Zeichnungen nicht.*
Paint round them.	*Malt rundherum.*
Take out your crayons.	*Nehmt die Farbstifte heraus.*
You'll need your markers.	*Ihr werdet die Markierstifte brauchen.*
Colour the picture with your wax crayons.	*Bemalt das Bild mit Wachskreiden.*
Use bright colours.	*Verwendet helle Farben.*
Trace around the pattern and cut it out.	*Zieht das Muster nach und schneidet es aus.*
Glue the bits of paper on the (egg).	*Klebt die Papierstückchen auf das (Ei).*
Go and fetch some water.	*Holt Wasser.*
Wash out your brushes.	*Wascht eure Pinsel aus.*
Dip your brushes into the water.	*Taucht die Pinsel ins Wasser.*
Your paintings are wet.	*Eure Bilder sind nass.*
Don't touch them.	*Berührt sie nicht.*
Let your paintings dry.	*Lasst die Bilder trocknen.*
Let's make a collage.	*Machen wir eine Collage.*
Let me see your pictures.	*Zeigt mir bitte eure Bilder.*
Let me see your collages.	*Zeigt mir bitte eure Collagen.*
Please hold up your pictures.	*Bitte haltet eure Bilder in die Höhe.*

■ Nach dem Zeichnen und Malen:

It's time to clean up now.	*Es ist jetzt Zeit aufzuräumen.*
Please tidy up your desks.	*Räumt bitte eure Tische auf.*
Please tidy up the working area.	*Räumt bitte den Arbeitsplatz auf.*
Pick up the scraps of paper off the floor.	*Hebt die Papierschnitzel vom Boden auf.*
I can still see some string on the floor.	*Ich sehe noch immer Bindfäden auf dem Boden.*
When you've finished, empty out your jars.	*Wenn ihr fertig seid, leert die Wasserschüsseln aus.*

Kunsterziehung

Put the pictures on the cupboard so that they can dry. | Legt die Bilder zum Trocknen auf den Schrank.

■ Bilder aufhängen:

Let's stick the pictures on the wall. | Befestigen wir die Bilder an der Wand.

Can you help me, please? | Könnt ihr mir bitte helfen?
Give me some Sellotape, please. | Gebt mir bitte etwas Klebeband.
Give me some BluTack, please. | Gebt mir bitte etwas Klebemasse.
Give me some pins, please. | Gebt mir bitte ein paar Stecknadeln.

Help me stick the pictures on the wall. | Helft mir die Bilder an der Wand zu befestigen.
Help me pin the pictures up on the wall. | Helft mir die Bilder an die Wand zu heften.
Is this OK? | Ist das okay?
Is this straight? | Ist das gerade?
Is this high enough? | Ist das hoch genug?

■ Bilder abnehmen:

Let's take the pictures down. | Nehmen wir die Bilder herunter.
Please be careful with the (drawing pins). | Bitte seid vorsichtig mit den (Reißnägeln).
Put them in the box (over there). | Gebt sie in die Schachtel (dort drüben).

Put the pictures on my desk. | Legt die Bilder auf meinen Schreibtisch.

Put the pictures in the cupboard. | Legt die Bilder in den Schrank.
Put the pictures on the bookshelf. | Legt die Bilder auf das Bücherregal.

■ Loben:

What lovely pictures! | Welch wunderschöne Bilder!
Well done, everyone! | Ihr habt das alle gut gemacht!

What beautiful colours! | Welch schöne Farben!
How nice! | Wie schön!

I like your pictures a lot. | Eure Bilder gefallen mir sehr.
I think your pictures are really beautiful. | Ich finde eure Bilder wirklich schön.

Werken

CLASSROOM ENGLISH

Wortschatz

Play Dough	*Knetmasse*
nail	*Nagel*
hammer	*Hammer*
screw	*Schraube*
screwdriver	*Schraubenzieher*
razor blade	*Rasierklinge*
knife	*Messer*
pliers	*Zange*
handsaw	*Handsäge/Fuchsschwanz*
drill	*Bohrer*
clamp	*Schraubzwinge*
wire	*Draht*
brass wire	*Messingdraht*
copper wire	*Kupferdraht*
wire cutters	*Drahtzange*
dowel	*Holzdübel*
lead weights	*Bleigewichte*
sandpaper	*Schmirgelpapier*
wood block	*Holzklotz/Holzschnitt*
yarn	*Garn*
running stitch	*Vorstich/Reihstich*
chain stitch	*Kettenstich*
blanket stitch	*Languettenstich*
frame loom	*Webrahmen*

Anweisungen

Fold the paper (in half).	*Faltet das Papier (in die Hälfte).*
Fold the paper (along the dotted line).	*Faltet das Papier (entlang der punktierten Linie).*
Fold the paper (lengthways).	*Faltet das Papier (der Länge nach).*
You'll need a needle and thread.	*Ihr braucht Nadel und Faden.*
Put the thread through the eye of the needle.	*Fädelt ein.*
Please make a knot./Please tie a knot.	*Macht bitte einen Knoten.*
Cut the thread and tie a knot.	*Schneidet den Faden ab und macht einen Knoten.*

Werken

Push the needle through the straw.	*Stecht die Nadel durch den Strohhalm.*
Please make a hole.	*Macht bitte ein Loch.*
Please punch a hole.	*Stanzt bitte ein Loch.*
Make three holes in the top of the tin.	*Macht drei Löcher in den Deckel der Dose.*
Poke the wires through the holes.	*Steckt die Drähte durch die Löcher.*
Bend the wires with the pliers at about a 30° angle.	*Biegt die Drähte mit der Zange in einem Winkel von etwa 30° um.*
Sand the wood blocks.	*Poliert die Holzklötze.*
Clamp the wood blocks together and drill (three) holes (1/2 cm) apart, starting (2 cm) from the (edge).	*Spannt die Holzklötze zusammen in eine Schraubzwinge ein und bohrt in Abständen von (1/2 cm) (drei) Löcher, das erste in einem Abstand von (2 cm) von (der Kante).*
Draw a simple design directly on the hessian.	*Zeichnet ein einfaches Muster direkt auf das Sackleinen.*
Place the pattern on two pieces of felt, and trace around it.	*Legt die Figur auf zwei Filzstücke und zieht die Umrisse nach.*
Allow about a (2 cm) margin.	*Lasst einen Abstand von (2 cm).*
Cut the tracing out.	*Schneidet die Figur aus.*
Glue the edges together.	*Klebt die Ränder zusammen.*
Sew the edges together.	*Näht die Ränder zusammen.*
Attach a ribbon to the felt.	*Befestigt ein Band an dem Filz.*
Attach a string to the felt.	*Befestigt eine Schnur an dem Filz.*
Decorate it by sewing or gluing on (button eyes, yarn hair, pipe-cleaner whiskers, felt ears, and so on).	*Verziert sie, indem ihr (Knopfaugen, Haar aus Garn, Schnurrhaare aus Pfeifenputzern, Filzohren usw.) aufnäht oder aufklebt.*
Cut the board with the handsaw.	*Schneidet das Brett mit der Handsäge (dem Fuchsschwanz) zu.*
Drill a hole in the board for the dowel.	*Bohrt in das Brett ein Loch für den Dübel.*
Screw the screw into the board.	*Dreht die Schraube in das Brett.*
Hammer a nail into the board.	*Schlagt einen Nagel in das Brett.*
Remove the nail with the pliers.	*Zieht den Nagel mit der Zange heraus.*

Mathematik

CLASSROOM ENGLISH

Wortschatz

addition	*Addition*
to add	*zusammenzählen*
plus	*und*
subtraction	*Subtraktion*
minus	*weniger*
division	*Division*
divided by	*dividiert durch*
multiplication	*Multiplikation*
multiplied by	*multipliziert mit*
times	*mal*
circle	*Kreis*
triangle	*Dreieck*
square	*Quadrat*
rectangle	*Rechteck*
pentagon	*Fünfeck*
hexagon	*Sechseck*
octagon	*Achteck*
diamond	*Raute*
calculation	*Rechnung*
times tables/multiplication tables	*Einmaleins*
even numbers	*gerade Zahlen*
odd numbers	*ungerade Zahlen*
1/10 = one tenth	*ein Zehntel*
2/5 = two fifths	*zwei Fünftel*
5/6 = five sixths	*fünf Sechstel*
1/4 = a quarter	*ein Viertel*
3/4 = three quarters	*drei Viertel*
1/2 = a half/one half	*ein Halbes*
ruler	*Lineal*
(pair of) compasses	*Zirkel*
protractor	*Winkelmesser*
graph paper	*Millimeterpapier*

Anweisungen

Please add the numbers together.   *Addiert bitte die Zahlen.*

3 + 10 = 13
Three plus ten is thirteen./Three plus ten equals thirteen.   *Drei und zehn ist dreizehn.*

Mathematik

20 − 6 = 14
Twenty minus six is fourteen./
Twenty minus six equals fourteen.

Zwanzig weniger sechs ist vierzehn.

4 x 4 = 16
Four times four is sixteen./Four times four equals sixteen.

Vier mal vier ist sechzehn.

10 : 5 = 2
Ten divided by five is two./Ten divided by five equals two.

Zehn dividiert durch fünf ist zwei.

9 < 13
Nine is less than thirteen.

Neun ist kleiner als dreizehn.

17 > 12
Seventeen is greater than twelve.

Siebzehn ist größer als zwölf.

What is the answer?

Was ist das Ergebnis?

What's the remainder?/What's left over?

Was bleibt übrig?

How many are left over?

Wie viele bleiben übrig?

Anhang

Englisches Basisvokabular für den Unterrichtsalltag

Anhang

Schulsachen

piece of paper/sheet of paper	*Blatt Papier*
pencil	*Bleistift*
pencil sharpener	*Bleistiftspitzer*
pen	*Füllfeder/Kugelschreiber/Stift*
ink refills	*Tintenpatronen*
felt-tip	*Filzstift*
markers	*Markierstifte*
crayons	*Farbstifte*
scissors	*Schere*
ruler	*Lineal*
pencil case	*Federmappe/Federschachtel*
glue	*Kleber*
stickers	*Aufkleber*
schoolbag	*Schultasche*
exercise book	*Schreibheft*
notepad	*Schreibblock*
English book	*Englischbuch*
Maths book	*Mathematikbuch*
Science book	*Naturkundebuch*
slippers	*Hausschuhe*
sandals	*Sandalen*
snack	*Jause*
homework	*Hausübung*

Klassenzimmer

waste-paper bin/waste-paper basket	*Papierkorb*
waste paper	*Papierabfall*
plastic bin	*Abfalleimer für Plastik*
compost bin	*Bio-Abfalleimer*
waste-bin	*Abfalleimer*
drinks crate	*Getränkekiste*
clock	*Wanduhr*
plants	*Pflanzen*
bookshelf	*Bücherregal*
cupboard	*Schrank*
clothes cupboard	*Garderobeschrank*
coat hooks	*Kleiderhaken*
reading corner	*Leseecke*
overhead projector	*Overheadprojektor*

transparency	*Overheadfolie*
blackboard	*Tafel*
whiteboard	*(mit Tafelfilzstiften zu beschreibende) Tafel/Magnetwand*
sponge	*Schwamm*
cloth/duster	*Tafeltuch*
chalk	*Kreide*
coloured chalk	*Farbkreide*
markers	*Markierstifte*

Schulgebäude und Personen im Schulgebäude

yard/playground/quad/quadrangle	*Schulhof*
yard duty/playground duty	*Hofaufsicht*
break	*Pause*
swings	*Schaukel*
slide	*Rutsche*
beam	*Schwebebalken*
corridor	*Gang*
hall	*Eingangshalle*
library	*Bibliothek*
gymnasium/gym	*Turnhalle*
video room	*Videoraum*
media room	*Medienraum*
computer lab	*PC-Raum*
assembly hall	*Aula*
stairs	*Treppe*
snack bar	*Snackbar*
cloakroom	*Garderobe*
lost property office	*Fundbüro*
headmaster's office/ headmistress's office	*Direktion*
headmaster	*Schulleiter*
headmistress	*Schulleiterin*
conference room	*Lehrerzimmer*
religious education teacher	*Religionslehrer*
music teacher	*Musiklehrer*
gym teacher	*Turnlehrer*
student teacher	*Probelehrer*
caretaker	*Hausmeister*
caretaker's office	*Hausmeisterei*
milkman	*Milchmann*

Anhang

Snack

snack	*Jause*
straw	*Strohhalm*
drinks crate	*Getränkekiste*
bowl	*Schüssel*
plate	*Teller*
spoon	*Löffel*
knife	*Messer*
fork	*Gabel*
serviette	*Serviette*
paper towel	*Papierhandtuch*
cup	*Schale*
glass	*Glas*
snack box	*Jausenbox*

Themenübersicht

Seite

Teil 1
Ausdrücke und Phrasen für die Arbeit mit methodisch-didaktischen Grundmodulen . 15

Wortschatzarbeit 16

Ziele und Begründungen 16

Classroom English 17

Erklärung der Bedeutung 17
– Mit Hilfe von Bildern und Gesten 17
– Mit Hilfe eines Wortes, das die Kinder schon kennen 17

Präsentation der Aussprache 17

Sicherstellen, dass sich die Kinder die Bedeutung der neuen Wörter gemerkt haben (Übung und Festigung) 18
– Mit Hilfe von Bildern und Gesten 18
– Mit Hilfe von Mimik und Gestik 19
– Mit Hilfe von Zeigen oder Berühren 19
– Mit Hilfe von Wortfeldern 19
– Mit Hilfe fixer Reihenfolgen 20
– Mit Hilfe eines Kontextsatzes und entsprechender Gestik 20
– Mit Hilfe des Anfangsbuchstabens 20
– Durch Wiederholung 20
– Mit Hilfe von Wortschatzspielen 21
– Mit Hilfe von Übungen im Lehrbuch 21

Arbeit mit dem Schriftbild 22
– Einführung des Schriftbildes mit Hilfe von Flashcards 22
– Üben des Schriftbildes (mit Hilfe von Flashcards, mit Hilfe des Anfangsbuchstabens, mit Hilfe von Wörtern an der Tafel, durch das Einkleben von Wortstreifen, mit Hilfe einer Schreibübung, durch das Bilden von Sätzen) 23

Classroom English für die Kinder 25

Dialoge und Rollenspiele 26

Ziele und Begründungen 26

Varianten von Rollenspielen 26

Seite

Classroom English 26
Ankündigen, dass Sie einen Dialog/Sketch vorspielen werden 26
Die Aufmerksamkeit der Kinder nach dem ersten Vorspielen fokussieren 27
Den Dialog in der Klasse rekonstruieren ... 27
Die Kinder zum Vorspielen auffordern 28
Die Spielszene/Requisiten arrangieren 28
Den Dialog mit der ganzen Klasse verändern 29
Die Kinder verändern den Dialog in Partner- oder Gruppenarbeit 29
Mehrere Kinder in ein Gespräch einbeziehen (anhand des Beispiels *I like – I don't like*) .. 30
Verwendung von *substitution tables* und Dialogbausteinen 30
– Bedeutungsklärung 31
– Üben der Redemittel 31
– Die Kinder lernen die Redemittel individuell . . 32
– Die Kinder zum Sprechen auffordern 32

Total-Physical-Response-Aktivitäten (action stories) 33

Ziele und Begründungen 33

TPR-Sequenzen bestehen aus vier Phasen . . 33

Classroom English 34
1. Phase 34
2. Phase 35
3. Phase 35
4. Phase 35

Geschichten 38

Ziele und Begründungen 38

Classroom English 38

Vorbereitung einer Geschichte 38

Beispiele für die Nachbereitung einer Geschichte 38

Themenübersicht

	Seite
– Die Kinder hören/sehen die Geschichte noch einmal	38
– Die Kinder stellen sich die Geschichte mit geschlossenen Augen vor	39
– Die Kinder hören die Geschichte noch einmal und machen beim Erzählen aktiv mit	39
– Verständnisüberprüfung durch *true or false*	40
– Verständnisüberprüfung mit Hilfe von Lückensätzen	41

Hörverstehensübungen (task listening) 42

Ziele und Begründungen 42

Classroom English 42

Die Kinder hören zu und malen an *(Listen and colour)* 42
– Anweisungen 42
– Auswertung 43

Die Kinder hören zu und ergänzen ein Bild *(Listen und draw)* 44
– Anweisungen 44
– Auswertungsmöglichkeiten 44

Die Kinder hören zu und bringen Bilder in die richtige Reihenfolge *(Listen and put the pictures in the correct order)* 45
– Anweisungen 45
– Auswertungsmöglichkeiten 45

Die Kinder hören zu und setzen Informationen ein *(Listen and fill in)* 46
– Anweisungen 46
– Auswertung 47

Die Kinder hören zu und haken ab *(Listen and tick)* 47
– Anweisungen 47
– Auswertungsmöglichkeiten 48

Lieder, Chants und Reime 49

Classroom English 49

Lieder 49
– Ankündigen, dass ein Lied angehört wird 49
– Aktivitäten während des Anhörens eines Liedes 49

	Seite
– Arbeit am Text	49
– Mit der CD mitsingen	50

Chants und Reime 50
– Ankündigen eines Chant/Reims 50
– Erarbeitung des Textes 51
– In Gruppen einen Chant ausführen 51

Lesen und Schreiben 52

Ziele und Begründungen 52

Classroom English 52

Lesen 52
– Aufgabenstellungen 52
– Wörter oder Textstellen zuordnen und einkleben 53

Schreiben 54
– Nachziehen 54
– Abschreiben 54

Spiele 55

Classroom English 55

Brettspiele 55

Kartenspiele 55

Teil 2

Ausdrücke und Phrasen für die zeitliche, soziale und mediale Organisation des Unterrichts 57

Phasen einer Unterrichtssequenz 58

Classroom English 58

Beginn der Unterrichtssequenz 58
– Begrüßen 58
– Nach dem Befinden fragen 58
– Feststellen, wer fehlt 58

	Seite
Arbeitsaufträge	59
– Grundlegende Anweisungen	59
– Was wird heute gebraucht?	59
– Arbeitsblätter austeilen	60
– Einen Zeitrahmen festlegen	60
– Wenn die Arbeitsblätter fertig gestellt sind	61
– Zur Mitarbeit auffordern	61
Fragen, ob alles klar ist	62
Beruhigen/trösten, wenn ein Fehler gemacht wurde	62
Nach der Pause	62
Ende der Unterrichtssequenz	63

Verhalten und Ordnung in der Klasse ... 64

Classroom English	64
Licht und Temperatur in der Klasse	64
Herrichten, was benötigt wird	64
Etwas liegt auf dem Boden	65
Nach der Pause	65
Das Klassenzimmer aufräumen	66

Sozialarrangements ... 67

Classroom English	67
Plätze tauschen	67
Einen freien Platz in der Klasse schaffen	67
Einen Kreis bilden	67
Die Klasse in zwei große Gruppen teilen	68
Partnerarbeit	68
Gruppenarbeit	69

Korrektur, Loben und Ermahnen ... 70

Classroom English	70
Korrektur	70
Loben	70

	Seite
– Kurzes Lob	70
– Beschreibendes Lob	71
– Lob für Hilfe	71
Ermahnen	71
– Es ist zu laut in der Klasse	71
– Zum Aufhören auffordern	72

Die Verwendung von Medien   73

Classroom English	73
Stromanschluss	73
Den CD-Spieler verwenden	73
Das Video verwenden	74
Den Overheadprojektor verwenden	74

Teil 3
Ausdrücke und Phrasen für die Integration des Englischunterrichts in andere Unterrichtsbereiche ... 75

Sport ... 76

Classroom English	76
Wortschatz	76
Anweisungen	76
– Vorbereitung	76
– Im Umkleideraum	77
– In der Turnhalle – allgemeine Anweisungen	77
– In der Turnhalle – spezielle Anweisungen (Ballspiele, Klettern, Übungen mit der Langbank, Bewegungsübungen, Bodenturnen, Gymnastik, Spiele – allgemeine Anweisungen)	78
Spiele	82
– Dog, wake up, your bone´s gone! (Hund, wach auf, dein Knochen ist weg!) (Spielregeln, Anweisungen)	82
– Snake in the grass (Schlange im Gras) (Spielregeln, Anweisungen)	83
– Ships across the sea (Schiffe über das Meer) (Spielregeln, Anweisungen)	84

Themenübersicht

Seite
- Duck, duck, grey duck (Ente, Ente, graue Ente)
  (Spielregeln, Anweisungen) 85
- Flowerbed (Blumenbeet)
  (Spielregeln, Anweisungen) 86
- Ghost, are you asleep? (Schläfst du, Gespenst?)
  (Spielregeln, Anweisungen) 87
- Sock wrestling (Sockenringen)
  (Spielregeln, Anweisungen) 88
- Green light, go! Red light, stop! (Bei Grün da geh!
  Bei Rot da steh!) (Spielregeln, Anweisungen) .. 88
- Hula-Hoop-Spiel (Spielregeln, Anweisungen) .. 90

Musik 92

Classroom English 92

Wortschatz 92

Anweisungen 92
- Ein Lied singen 92
- Ein Lied mit Bewegungen oder Instrumenten
  begleiten 93

Kunsterziehung 95

Classroom English 95

Wortschatz 95

Anweisungen 96
- Vor dem Zeichnen und Malen 96
- Beim Zeichnen und Malen 96
- Nach dem Zeichnen und Malen 97

Seite
- Bilder aufhängen 98
- Bilder abnehmen 98
- Loben 98

Werken 99

Classroom English 99

Wortschatz 99

Anweisungen 99

Mathematik 101

Classroom Englisch 101

Wortschatz 101

Anweisungen 101

Anhang
Englisches Basisvokabular für den Unterrichtsalltag 103

Schulsachen 104

Klassenzimmer 104

Schulgebäude und Personen im
Schulgebäude 105

Snack 106